혼자서는
몰랐던 일들

All rights reserved. All the contents in this book are protected by copyright law. Unlawful use and copy of these are strictly prohibited. Any of questions regarding above matter, need to contact 나녹那碌 (nanokbookcafe@naver.com).

장애를 넘어 멘토가 되기까지
혼자서는 몰랐던 일들

펴낸곳 | 나녹那碌
펴낸이 | 형난옥
지은이 | 정은경
편집 | 김보미
표지 디자인 | 김혜정

초판1쇄 인쇄 | 2025년 9월 1일
초판1쇄 발행 | 2025년 9월 6일

등록일 | 제2021-000016 2021.03.16.
주소 | 충남 천안시 동남구 청수11로 24, 505호(청당동)
전화 | 041-551-0517 팩스 | 0504-370-6544

ISBN | 979-11-988279-9-9(00810)

장애를 넘어 멘토가 되기까지

혼자서는 몰랐던 일들

동기부여·장애인인식개선 강사 | 정은경

나녹
那碌

장애는 죄가 아니야, 얼굴이 다르듯 손도 다를 뿐이야.

머리말 | 장애를 딛고, 한 인생을 살아낸다는 것

　우리 사회에서 장애인은 여전히 많은 편견과 장벽에 부딪히고 있다. 장애인 부모들이 가장 많이 걱정하는 것도 '이 아이가 커서 결혼은 할 수 있을까?' '자기 밥벌이는 할 수 있을까?' '내가 이 아이보다 하루 더 살아야 할 텐데…….' 와 같은 것들이다. 이런 걱정으로부터 벗어나기 위해 가장 필요한 것이 무엇일까?

　자폐장애인으로 태어났지만, 좋은 멘토들을 만나 동물행동학자로 성장한 템플 그랜딘의 실화를 다룬 영화 한 편을 소개하고 싶다. 템플 그랜딘은 말을 하지 못하고, 상호작용이 어려워 학교에서도 소외당하던 아이였다. 그러나 엄마와 이모, 칼락 선생님 같은 멘토들을 만나 자신의 재능을 발견했고, 마침내 미국 축산업에 혁신적인 시스템을 만들어낸 과학자가 되었다. 지금은 자신의 이야기를 전하며 자폐장애인들의 세상 밖 출발을 돕는 강사로 활동하고 있다.

　이 영화를 보고 내 머릿속에 떠오른 단어는 '멘토'였다. 나도 다섯 손가락으로 태어났지만, 가장 나답게 세상을 당당하게 살 수 있었던 이유는 좋은 멘토를 많이 만났기 때문이다.

첫 번째 멘토는 엄마였다. 어릴 적 내 손을 보고 놀리는 사람들에게 "장애는 죄가 아니야, 얼굴이 다르듯 손도 다를 뿐이야." 하던 엄마의 가르침 덕분에, 나는 의수를 끼지 않은 내 자신을 받아들일 수 있었다. 그 믿음이 나를 세상 속으로 이끌었다.

두 번째 멘토는 남편이었다. 왼손이 없어서 척추가 틀어지고 몸까지 망가졌던 나에게 그는 물리치료를 알려주고, 자격증 취득을 도와주었다. 몸이 아파봤기 때문에 아픈 사람의 고통을 누구보다 잘 알 수 있었고, 그들의 회복에 함께하며 기쁨을 느낄 수 있었다. 그렇게 나는 '일'을 갖게 되었고, '좋아하는 일'을 하며 살아갈 수 있었다.

하지만 남편은 아들이 어린 시절 세상을 떠났다. 혼자 남겨진 나는 삶의 방향을 다시 찾아야 했다. 그러던 중 장애 아이를 둔 부모님들이 내게 물었다. "우리 아이도 선생님처럼 당당하게 키우려면 어떻게 해야 할까요?" 그 말이 나를 다시 세웠다. 내가 살아온 이야기로 더 많은 장애인들이 꿈을 펼칠 수 있도록 돕고 싶었다.

그렇게 만난 세 번째 멘토는 심 대표님이었다. 코로나 시대, 단톡방을 전전하며 무료 강의를 다니던 나에게 "170석 무대에서 너의 이야기를 펼쳐보라." 말해주신 분. 그 덕분에 나는 지금 천안인생극장 이사로 일하고 있고, 공모전을 통해 작가가 되었으며, 강사와 라이브 방송 캐스터로도 활동하고 있다.

우리는 사회적 동물이다. 사람과 사람 사이에서 배우고, 그 안에서 성장한다. 좋은 멘토를 만나면 꿈을 꾸게 되고, 그 꿈은 삶의 방향이 되어 우리를 세상 밖으로 이끈다. 1991년 만들어진 장애인 의무고용 제도는 장애인이 인간답게 살기 위해서는 '일'이 필요하다는 전제에서 시작되었다. 하지만 지금도 많은 기업은 차라리 벌금을 내고 장애인을 고용하지 않겠다고 한다. 이것이 우리가 마주한 현실이다.

이제는 내가 누군가의 멘토가 되고 싶다. 이 책에는 나의 어린 시절, 결혼, 아들의 성장, 그리고 홀로서기까지의 삶을 담았다. 어머니로, 아내로, 그리고 한 사람의 여성으로서 장애를 딛고 살아낸 이야기로 장애가 있는 사람도 가정을 꾸리고, 일하고, 세상과 당당히 마주할 수 있다는 걸 보여주고자 했다.

이 책은 단지 한 사람의 일생을 기록한 에세이가 아니다. 세상 어딘가에 있을, 아직 빛을 보지 못한 장애인의 가능성 하나라도 끌어올릴 수 있는 작은 증거가 되기를 바란다. 그리고 이 책을 읽는 당신이 누군가에게 따뜻한 멘토가 되어주기를 소망한다.

2025년 어느 날,
정은경

차례

5 머리말 장애를 딛고, 한 인생을 살아낸다는 것

1 한 손이 없었기에 한 발 더 다가설 수 있었다

15 다섯 손가락으로 시작된 인생

19 한 손으로 농구 만점을 받다

25 길이 안 보이면 길을 만들며 간다

31 결핍의 불리함을 불타는 열정으로 돌파하다

38 가장 위험한 인생은 아무런 위험에도 뛰어들지 않는 것이다

44 악마가 보낸 죽음의 유혹을 물리쳐준 아들의 눈물

53 11번 퇴짜 맞으면 12번 제출한다

2 우물 안 개구리, 우주를 향해 뛰쳐나가다

61 익숙한 것과의 결별, 새로운 나와의 만남

69 세상에 둘도 없던 기계치, 메타버스 강사가 되다

76 '열등의식'을 연료로 첫 공모전에서 우수상을 받다

83 「나도 강사다」, 천안의 세바시를 열다

89 용기는 두려움이 올라오는데도 해보는 것이다

96 재수 끝에 합격한 '장애인인식개선 강사'

3 부모의 한마디가 자녀의 인생을 바꾼다

107 인생을 새롭게 보게 해준 아들의 출생

111 엄마를 감동시킨 아들의 양말 마술

116 장독대 위의 엄마와 가방 들어주는 아이

121 네 자신의 삶을 선택할 수 있어

126 엄마를 감동시킨 고사리같은 손

131 어떤 멘토를 만나느냐에 따라 인생이 달라진다

136 내 인생 최고의 선물, 아들

4 남편은 말없이 나를 가르친 멘토였다

143 프라이드, 우리 삶에 날개를 달아주다

148 물리치료실은 나에게 인생 학교였다

154 남편의 지혜, 연극 같은 훈육

158 죽을 뻔한 제주도 여행, 가족과 다시 걷다

164 여름밤 여인숙과 소프트아이스크림의 추억

169 가장 가까웠지만, 가장 몰랐던 사람

174 그는 말없이 끝까지 나를 돌봤다

5 장애, 잘못된 것이 아니라 다른 것이다.

183 장애는 결코 나를 정의하지 않는다

187 장애인의 반댓말은 없다

192 한쪽 다리로도 인생은 춤출 수 있어

198 장애는 사회가 만든 또 하나의 경계였다

202 일은 누구에게나 삶의 원동력이다

209 이동은 곧 생명이다

215 나도 사회에 꼭 필요한 사람이다

부록 장애의 종류

223 지체 장애 | 226 뇌병변 장애 | 229 시각 장애

232 청각 장애 | 235 언어 장애 | 238 안면 장애 | 240 신장 장애

242 심장 장애 | 244 간 장애 | 246 호흡기 장애

249 장루·요루 장애 | 252 뇌전증 장애 | 254 지적 장애

257 자폐성 장애 | 260 정신 장애

263 참고문헌

1

한 손이 없었기에
한 발 더 다가설 수 있었다

인생은 선택의 연속, 강해질 수 있는 선택을 하라.

다섯 손가락으로
시작된 인생

엄마는 21살에 결혼했다. 몇 년간 아이가 생기지 않았다고 한다. 엄마는 아이를 갖기 위해 모든 노력을 다했다. 마침내 결혼 5년 만인 1970년 3월 3일, 26살에 딸을 낳았다. 하지만 난산이었다. 하혈이 너무 많아 거동할 수 없었다. 그래서 엄마와 딸아기를 돌봐 줄 할머니를 구했다.

할머니는 아기를 받아 꽁꽁 싸맨 후 얼굴만 엄마와 아빠에게 보여주었다. 약 한 달간 엄마와 아기를 돌봐주고 할머니는 돌아갔다. 그날 저녁 엄마와 아빠가 아기를 씻기려고 꽁꽁 싸맨 옷을 풀어 헤쳤을 때 소스라치게 놀라고 말았다. 아기가 왼쪽 손이 없어 손가락이 다섯 개만 보였기 때문이다. 할머니가 부모님이 놀랄까 봐 끝까지 이야기하지 않고 갔던 것이다. 부모님은 아이에게 장애가 있을 것이라고는 꿈에도 생각하지 않았기에 너무나 당황해 펑펑 울었다고 한다. 아빠는 밤새 울다가 다음 날 아침 출근을 했다. 아기와 단둘이 남겨진 엄마는 이후로도 몇 날 며칠을 계속 눈물로 지새웠다. 그 아이가 바로 나다.

그렇게 며칠을 울던 엄마는 '내가 이렇게 울다가는 이 아이를 올바로 키울 수 없겠구나!' 하는 생각이 들어 '앞으로는 절대로 울지 않고 이 아이를 반듯하게 잘 키울 거야!' 하며 마음을 단단히 먹었다고 한다. 그 이후 엄마는 살면서 어떠한 큰일이 생겨도 울지 않았다. 다섯 손가락으로 살아가야 하는 나에게 항상 이렇게 말씀하셨다.

"손가락이 다섯 개라는 것은 우리가 얼굴이 서로 다른 것처럼 다른 것이니 누구 앞에서도 기죽지 말고, 항상 당당하렴. 너는 할 수 있어! 너는 누구보다 잘할 수 있어!"

엄마가 주문처럼 들려준 이 말씀 덕분에 나는 실제로 늘 당당하게 살았다. 보통 손이 없는 장애인은 장애가 최대한 표시 나지 않도록 의수를 하고 다닌다. 그러나 나는 의수 없이 자유롭게 다녔다. 한 손이 없다는 것은 잘못된 것이 아니라 그냥 다를 뿐이었기 때문이다.

의수를 착용하지 않고 다니다 보면 어떤 사람들은 나에게 왜 의수를 끼지 않느냐고 물어보기도 한다. 사실 선천적인 장애인데도 왼쪽은 순환이 잘되지 않아 여름에도 팔 끝이 시리고 겨울이면 왼쪽

팔이 오그라든다. 그런 상태에서 의수를 끼면 더 순환이 잘되지 않기 때문에 겨울철에는 동상에 잘 걸린다. 동상에 걸리면 가려워서 긁느라고 잠을 제대로 잘 수 없다. 또 여름철에는 팔 끝이 헐기 때문에 엄청 가렵다. 이런 불편함을 비장애인들은 알 수가 없다.

어떤 비장애인들은 내가 의수를 하지 않고 걸어가면 뒤에서 쫓아오면서까지 "병신이 창피한 줄도 모르고 다 내놓고 다니네. 다 내놓고 다녀." 하며 비난을 한다. 이런 말을 들으면 기가 막힐 뿐이다. 내가 짧은 치마를 입고 돌아다니는 것도 아닌데, 무엇을 다 내놓고 다닌다는 말인가? 처음에는 이런 말을 들으며 속에서 분노가 치밀어 올라왔다. 그러나 그런 몰지각한 말을 하는 사람에게 분노를 표현하는 것 자체가 에너지 낭비라는 것을 곧 깨닫게 되었고 아예 신경 쓰지 않게 되었다. 그런 말을 하는 그 사람이야말로 마음에 장애가 심각한 사람이며 치유가 필요한 상태라는 생각이 들었다.

나보다 12살 어린 닉 부이치치는 팔다리가 모두 없어 머리와 몸통만 가지고 태어났다. 그의 부모님은 닉의 그런 모습을 보고 얼마나 놀랐을까. 그러나 그의 부모님도 닉을 비장애인들과 마찬가지로 당당하게 키웠다. 닉은 스케이트보드도 타고, 서핑하고, 드럼을 연주하며 컴퓨터를 한다. 그뿐만 아니라 강연으로 전 세계의 수많은 장애인과 비장애인에게 희망과 용기를 전하고 있다. 그에게 장애는 다른 사람을 동기부여할 수 있는 소중한 자원이 된 것이다. 장애를 욕하고 비난하는 것 자체가 자존감이 떨어진다는 증거다.

나보다 동생인 닉의 그런 훌륭한 활동을 보며 처음에는 참 고맙고 자랑스러운 청년이란 생각만 했었다. 그런데 지금은 다르다. 나도 할 수 있겠다는 생각이 든다. 닉처럼 전 세계를 다니면서 다섯 손가락으로 인생의 다양한 벽들을 뚫고 도전해 온 나의 스토리를 들려주고 싶다.

한 손으로
농구 만점을 받다

"인생은 선택의 연속, 강해질 수 있는 선택을 하라."

2024년 파리올림픽 탁구 여자 단체 16강에 출전했던 브라질의 브루나 알렉산드르의 팔에 새겨져 있는 문구라고 한다. 그녀는 오른팔이 없는 장애인이다. 태어난 지 3개월 만에 백신으로 인한 혈전증으로 오른팔을 절단해야 했다. 그런 그녀가 패럴림픽이 아니라 세계 최고의 비장애인 선수들이 출전하는 올림픽에 출전했다. 비록 16강에서 한국팀을 만나 패하기는 했지만, 관중들은 경기가 끝나자마자 그녀에게 기립 박수를 보냈다.

그녀는 왼손에 쥔 탁구채 위에 공을 올려놓고 엄지로 고정한 다음, 이를 높이 띄워 서브했다. 탁구공을 손으로 잡아야 할 때는 공을 높이

던진 후 탁구채를 오른쪽 짧은 어깨와 겨드랑이에 끼운 뒤 왼손으로 다시 공을 받았다. 관중들은 한 손으로 이루어지는 경기 모습을 처음에는 의아해하다가 그녀의 열정적인 플레이에 열광하기 시작했다.

그녀는 이은혜 선수와의 단식 경기에서 0대 3으로 탈락했다. 그러나 관중들은 땀을 비 오듯 쏟아내며 끝까지 완주해 낸 그녀에게 뜨거운 격려와 응원의 박수를 보냈다. 알렉산드르는 꿈에 그리던 올림픽 무대를 마친 후 말했다.

"아주 특별한 밤이었다. 나에게 응원을 보내준 모든 분에게 감사 인사를 드리고 싶다. 장애는 아무것도 아니다. 팔이 하나든 다리가 하나든 관계없이 우리는 모든 것을 해낼 수 있다."

그녀는 올림픽 출전 패럴림픽에서 동메달과 은메달을 따낸 적이 있었다. 그러나 거기서 멈추지 않고 국제 경기에 출전해 랭킹 포인트를 쌓았다. 2023년도에는 탁구 세계 랭킹 226위 그리고 2024년 랭킹은 182위라고 한다.

이런 기사를 볼 때마다 나의 가슴도 용광로처럼 끓어오른다. '맞아! 인생은 선택의 연속이야. 한 손이 없더라도 내가 더 강해질 수 있는 선택을 할 수 있는 거야. 내가 한 손으로 할 수 있는 일은 얼마든지 있지.' 같은 생각이 마음에 불길처럼 차오른다.

어렸을 때 한 손이 없다는 이유로 아이들에게 놀림을 받고 매를 맞을 때마다 싸움의 기술을 가르쳐주었던 삼촌 덕분에 내가 이런 열정을 일찍부터 가질 수 있었던 것 같다.

내가 4~5살 때 아이들과 놀기 위해 밖에 나가면 아이들이 병신이라고 놀리면서 때리고, 엄마가 예쁘게 묶어준 머리를 잡아당겨 헝클어 놓기도 했으며, 어떨 때는 연탄재를 머리 위에 뒤집어씌우기도 했다. 이런 모습이 안타까웠는지, 삼촌이 어느 날 나를 방안에 앉혀 놓고 싸움의 기술을 가르쳤다.

"친구가 네 얼굴을 때리려고 하면 오른팔로 이렇게 막아. 그리고 재빨리 발로 정강이를 걷어차 버려. 그래서 고개를 숙이면 머리로 얼굴을 받아 버려. 알았지. 은경아."

매일 삼촌으로부터 싸움의 기술을 전수받던 어느 날이었다. 평소에 나를 잘 괴롭히던 수진(가명)이가 내 머리카락을 잡아당기면서 "이 병신아." 하고 놀리기 시작했다. 매번 당하기만 했지만, 그때는 그냥 참을 수가 없었다. 순간적으로 까치발을 뛰며 수진이의 귀를 꽉 물었다. 앗! 그런데 이게 웬일인가. 수진이의 귀에서 피가 났다. 수진이는 깜짝 놀라며 울기 시작했다. 나도 수진이가 피를 흘리는 모습을 보자 덜컥 겁이 나 같이 울었다. 그 당시만 해도 엄마들은 집에 있는 경우가 많았기에 아이들의 울음소리에 엄마들이 뛰쳐나왔다. 수진이는 자기 엄마를 보자 더 크게 울면서 손가락으로 나를 가리켰다. 그런데 놀랍게도 수진이 엄마는 내가 아니라 수진이를 야단치기 시작했다.

"잘 됐다. 잘 됐어. 이것아. 네가 맨날 은경이를 병신이라고 놀리면서 때리고 연탄재를 그렇게 뒤집어씌우더니 아주 제대로 혼났네."

우리 엄마는 수진이 엄마에게 다가가 정말 미안하다고 사과하시며 빨리 병원에 가보자고 했다. 수진이 엄마는 은경이처럼 순한 아이가 오죽하면 그랬겠냐며 오히려 우리 엄마를 위로해 주었다. 수진이 엄마의 참 현명한 대처로 우리의 싸움은 훈훈하게 마무리되었다. 그 이후 수진이와 나는 세상에 둘도 없는 좋은 친구가 되었다. 이렇게 싸움의 기술을 익힌 나는 초등학교 가서도 기죽지 않고 당당하게 비장애인들과 생활하였다.

다만, 의수를 하고 학교를 다니는 건 참 어려웠다. 초등학교 입학 전에는 의수를 하지 않았으나 학교에서 왕따를 당할까 봐 걱정한 엄마가 의수를 착용하게 했다. 지금은 의수가 많이 가벼워졌지만, 그때만 해도 정말 무거웠다. 의수를 끼고 하루 종일 학교에 있다가 돌아오면 몸살이 날 정도였다. 그래도 아이들 앞에서는 그런 티를 내지 않으려 애를 썼다. 아이들이 하는 체육활동도 똑같이 하려고 했다. 가장 힘들었던 시간은 뜀틀 시간이었다. 아이들은 두 손으로 뜀틀 위를 짚고 자연스럽게 뛰어넘었다. 그러나 나는 한 손이 의수였으므로 좌우 균형이 맞지 않아 뜀틀 중간에 걸터앉고 말았다. 그럴 때마다 마음이 무거웠지만 빨리 뜀틀에서 내려와 다른 아이들이 진행할 수 있도록 했다.

그러던 어느 날 농구를 하는 시간이 있었다. 농구는 농구공을 골대 안으로 집어넣기만 하면 됐다. 이것만큼은 잘할 수 있겠다는 생각이 들었다. 아니, 무조건 잘하고 싶었다. 아이들은 학교가 끝나면 돌아갔지만, 나는 농구공을 들고 운동장으로 향했다. 슛 연습을 한 손으로 계속 반복했다. 열 번이고 백 번이고 골이 들어갈 때까지 공을 던졌다. 반복하다 보니 요령이 생겼다. 어떻게 하면 공이 골대로 쏙 빨려 들어가는지 감을 잡게 된 것이다.

이런 연습 덕분에 나는 농구 실기 점수에서 만점을 받았다. 그때의 희열은 말로 다 표현할 수가 없다. 비장애 아이들도 만점 받기 어려운데, 다섯 손가락으로 만점을 받은 것이다. 정말 올림픽에서 금메달을 딴 것처럼 기뻤다. 이때의 감격은 50살이 넘은 지금까지도 내 가슴에 살아있다. 어쩌면 그 감동과 감격으로 지금까지 살아오면서 겪었던 많은 어려움의 순간들을 이겨낸 것이 아닌가 하는 생각이 든다.

비록 브라질 배구선수 브루나 알렉산드르처럼 올림픽에 출전하는 선수가 되지는 않았지만, 절대 포기하지 않고 스스로 직업을 얻고 당당하게 사회생활을 했다. 지금은 장애인과 비장애인들에게 희망과 용기를 주는 삶을 살고 있다. 인생이라는 올림픽에서 멋진 경기를 하는 나 자신에게 응원과 격려의 박수를 보내고 싶다.

"은경아! 너는 인생 올림픽에서 아주 훌륭한 경기를 하는 멋진 인생 선수야. 너는 어떤 일이 있더라도 이 경기를 완주해 낼 거잖아. 네 최고의 팬은 바로 나니까 계속해서 당당하게 살아가렴!"

나는 오늘도 나에게 최고의 베스트 프렌드가 되어준다.

길이 안 보이면
길을 만들며 간다

"나는 깨달았다. 나의 삶은 아직 완성되지 않았지만, 나보다 어린 사람들과 나보다 힘든 삶을 살아가고 있는 이들에게 가능성의 증거, 아니 희망의 증거가 될 수 있다는 사실을.

그랬다. 내가 꿈꾸어온 것은 그런 것이었다. 내가 성취하고 싶어 했던 것은 그것이었다.

나는 예전의 나처럼 절망하고 희망 없이 사는 이들에게 희망의 증거가 되고 싶었다."

내 마음속 별과 같이 빛나는 멘토, 『나는 희망의 증거가 되고 싶다』의 저자 서진규 박사님이 하신 말씀이다. 서진규 박사님은 가발공장의 여공이었다. 골프장 식당에서 종업원으로 일했다. 그러던 중 미국에서 가정부를 모집한다는 광고를 보고 혈혈단신 미국으로 향했다. 아무런 연고가 없던 미국에서 갖은 고생을 하면서도 멈추지 않고 도전해 미군의 장교가 되었으며 하버드대학교에서 박사 학위를 받았다. 나도 그렇게 되고 싶었다. 나도 꼭 그렇게 희망의 증거가 되고 싶었다.

고등학교를 졸업하고 일자리를 찾았다. 한 손이 없는 내가 좋은 일자리를 찾는 것은 쉬운 일이 아니었다. 이모 집이 왕십리였는데, 거리를 지나다 카페 아르바이트 모집 공고를 보았다. 순간 마음에서 격렬한 대화가 오고 갔다.

'해볼까?'
'아냐! 한 손밖에 없는데, 아르바이트생으로 써줄 리가 없어.'
'그래도 일단 말은 해보는 게 좋지 않을까?'
'말했다가 이상한 사람 취급하면서 나가라고 하면 어떻게 하려고?'
'그러면 그냥 나오면 되지!'

결국 카페의 문을 열었다. 마침 사장이 있었다. 아르바이트하고 싶다고 했더니 사장이 흔쾌히 면접을 보자고 했다. 분명히 한 손이 없는 상태라는 걸 알았을 텐데도 사장은 전혀 당황하는 기색이 없었다. 사장은 여러 질문을 했고 나는 성실하게 최선을 다해서 일하겠다는 마음으로 정성껏 답변했다. 놀랍게도 사장은 내일부터 출근하라고 했다. 나는 사장에게 물었다.

"사장님, 한 손이 없는데도 괜찮으세요?"

30년이 지난 지금도 그때 사장이 했던 말이 또렷하게 기억난다.

"당신이 장애인인 것은 중요하지 않습니다. 일을 하겠다는 열정이 중요한 것이죠."

다음 날부터 출근했다. 장애인인 나를 믿고 뽑아준 사장을 실망시키지 않기 위해 정말 열심히 일했다. 나중에 알고 보니 그 사장은 독일 유학생이었다. 유럽에서는 장애인을 대하는 방식이 우리나라와 판이했다. 한 손으로 커피를 내리고 서빙한다는 것이 절대 만만치 않았다. 손님이 혼자 오면 큰 어려움 없이 할 수 있었다. 그러나 손님이 동시에 여러 명이 오면 한 손으로 일을 처리하기란 쉽지 않았다. 혹시나 실수로 잔이 깨지지 않을까 완전히 긴장된 상태로 일을 해야 했다. 등에 땀이 비 오듯 흐르곤 했다. 잔을 깨뜨리면 변상해야 하는데, 얼마 되지 않는 아르바이트 비용을 다 날릴 수도 있었다. 결국 한 달을 채우고 그만두었다. 돈을 버는 것이 어려운 줄은 알았지만 이렇게 힘든 줄은 몰랐다. 한 편으로는 스스로 돈을 벌어보니 뿌듯함을 느낄 수 있었다. 그리고 일을 한다는 것은 굉장한 책임감이 따르는 것임을 배우는 시간이 되었다.

카페를 그만두고 다른 일을 찾았다. 그러다 동네에서 아주머니들이 머리에 무언가를 이고 가는 것을 보았다.

"아줌마! 머리에 이고 가는 게 뭐예요?"
"아! 이거 부업거리지."
'부업거리?'

나는 집에 돌아와 엄마에게 이 이야기를 하고, 부업거리를 알아봐달라고 부탁했다. 알아보니 전자제품 공장에다 부속품을 작업해 납품하는 것이었다. 집에서 할 수 있는 일이라 열심히 하면 돈을 벌 수 있겠다는 생각에 바로 신청을 했다. 작업은 전자제품 부속에 구리를 적당한 크기로 감고 나머지는 니퍼로 잘라내는 것이었다. 어렵지 않은 일이라 생각하고 시작했는데 실상은 그렇지 않았다.

나는 왼손이 없었으므로 부속품을 왼 팔꿈치와 왼쪽 무릎을 이용해 고정하고 오른손으로 구리를 잘라냈다. 그런데 이 작업을 하루 종일 하다 보니 무릎 연골이 손상되었고 몸이 한쪽으로 틀어지면서 요통과 어깨 통증이 심하게 왔다. 엄마는 엄마대로 나를 도와준다고 일을 하다가 몸이 힘들어졌다. 1년 정도 하고 중단했다. 돈도 좋지만, 몸부터 챙겨야 했다. 부업은 그만두었지만, 그 인연으로 납품하던 전자 회사에 취업하게 되었다.

전자 회사에 취업하니 그래도 번듯한 회사에 다닌다는 마음에 처음에는 기분이 좋았다. 그러나 얼마 지나지 않아 내가 사람들이 소위 말하는 '공순이'가 되었다는 것을 알게 되었다. 그 당시만 해도 일자리가 많지 않아 공장에서 여공으로 일하는 사람들이 많았다. 그들을 비하하는 의미로 '공순이'라는 말을 사용하던 때였다.

나는 그대로 있을 수 없었다. 공부해야겠다는 생각이 들었다. 서점에 갔다. 나는 특이하게도 한문을 좋아했다. 천자문과 명심보감이 눈에 들어왔다. 얼른 사서 집으로 돌아왔다. 그날 이후로 틈만 나면 천자문과 명심보감을 소리 내어 읽고 또 읽었다. 그리고 성공한 여성들의 책을 탐독했다. 『여자라면 힐러리처럼』, 『오프라 윈프리』, 『황산성 변호사 이야기』 등을 읽으며 마음에 꿈을 키웠다. 그 중 내 가슴을 특히 뛰게 했던 책이 바로 서진규 박사님의 『나는 희망의 증거가 되고 싶다』였다. 책을 읽으며 나도 꿈을 품게 되었다.

'나와 같은 장애인과 나와 다른 비장애인에게 모두 희망과 용기를 주는 동기부여 강사, 장애인인식개선 강사가 되야겠다.'

전자 회사에 다니면서도 나는 틈을 내 속기를 배우기도 하고 꽃꽂이 강습반에 다니기도 했다. 손이 하나밖에 없다고 해서 결코 가만히 있지 않았다. 누가 봐도 다섯 손가락뿐인 나에게는 앞길이 보이지 않았다. 그러나 나는 길이 없었기에, 나는 누구도 걸어본 적 없는 길을 개척하며 앞으로 나아갔다. 그렇게 메타버스 강사가 되었으며 유튜버가 되었고 장애인과 비장애인 모두에게 희망과 용기를 주는 동기부여 강연을 하고 있다. 이제 나는 안다. 길이 안 보이면 그냥 내가 만들며 가면 된다는 것을.

결핍의 불리함을
불타는 열정으로 돌파하다

내가 하기 싫은 일을

하고 나면

수고의 땀이 맺어주는

기쁨의 열매

내가 아파서 흘린

눈물 뒤에는

인내가 낳아주는

웃음의 열매

아프고 힘들지 않고

열리는 열매는 없다고

정말 그렇다고

…(생략)…

— 이해인 「열매」 중에서, 『작은 기쁨』 (열림원) 72-73쪽

내가 좋아하는 이해인 시인의 「열매」라는 시다. 시를 읽을 때마다 고개가 끄덕여진다.

'그래 맞아. 내가 하기 싫은 일이라도 하고 나면 그때 흘린 수고의 땀으로 결국 기쁨의 열매를 거두게 되지. 마음이 아파 힘들 때도 참고 인내하면 결국 웃음의 열매를 보게 되지. 아프지 않고, 힘들지 않고 달리는 열매는 없는 거지.'

지나온 나의 삶을 돌아보며 드는 생각이다. 이해인 시인은 어쩜 이렇게 짧고 예쁜 언어로 사람의 마음을 위로해 주는지 시를 읽을 때마다 놀라게 된다.

나를 따뜻한 언어로 위로해 준 또 한 사람이 있다. 남편이다. 남편은 물리치료사였다. 남편도 장애가 있었다. 소아마비였다. 남편은 장

애가 있었음에도 늘 활기차고 명랑했다. 그 점이 내 마음에 쏙 들었다. 25살에 남편과 결혼해 26살부터 물리치료실에서 남편 보조로 근무했다.

　물리치료실에는 10대에서 90대까지 참 다양한 사람이 방문했다. 증상도 여러 종류였다. 허리가 아파서 온 사람, 발목이 삐어서 온 사람 그리고 성장통으로 찾아오는 아이들도 있었다. 환자가 차트를 가지고 내려오면 남편은 따뜻한 목소리로 질문했다.

　"이렇게 아플 만한 이유가 있었을까요?"

　남편의 친절한 질문을 받은 환자들은 자기만의 사연을 쏟아냈다. 남편은 미소를 지으며 그들의 말을, 마음을 다해 집중하며 경청해 주었다. 그리고 증상에 따라 마사지를 해주기도 하고 테이핑하기도 했다. 하얀 가운을 입고 환자를 따뜻하게 대하며 정성껏 치료하는 남편의 모습이 얼마나 멋지던지.

　남편에게 또 한 가지 놀라운 점이 있었다. 그것은 끊임없이 학습한다는 것이었다. 남편은 물리치료 일이 끝나면 마음이 맞는 동료 물리치료사들과 함께 공부했다. 그들은 일주일에 한 번씩 모여 각자 자신이 잘하는 치료 기술에 대해 강의했다. 다른 동료들에게 자신의 노하우를 공유하는 것이다. 어떤 이는 스포츠 마사지 시범을 보이고 어떤 사람은 키네시오 테이핑에 관해 강연했다.

우리가 근무하던 물리치료실에서 공부했기 때문에 나도 귀동냥으로 많이 배웠다. 듣다가 이해가 안 되는 것은 끝나고 남편에게 질문했다. 남편은 비전공자의 질문에도 항상 친절하게 세부적으로 답을 해주었다. 그래도 부족하다 싶을 때는 교보문고에 함께 가서 책을 추천해 주고 사주기도 하였다.

남편을 보며 인생을 대하는 태도를 배울 수 있었다. 또 사람을 소중히 여기는 마음을 느낄 수 있었다. 무엇보다 소아마비라는 장애에도 불구하고 사회에 필요한 자격증을 따고 전문성으로 자신의 역할을 멋지게 해내는 모습을 본받고 싶었다.

그러던 어느 날 남편이 실직하게 되었다. 내가 움직여야 할 차례였다. 무엇을 할지 고민하다 피부관리 매장을 하면 좋겠다는 생각이 들었다. 집 근처에 있는 피부관리 학원을 찾아갔다. 원장을 만나 피부관리사 자격증 공부를 할 수 있는지 물었더니 눈이 동그래지며 장애가 있어 안 된다고 했다. 원장이 보기에는 한 손이 없는 사람이 양손을 다 사용하면서 해야 하는 피부관리 일을 하는 것은 불가능하다고 생각했던 것 같다. 그렇다고 포기할 내가 아니었다. 집으로 돌아와서 피부관리사 자격 취득 과정을 검색해 보았다. 필기시험과 실기시험으로 이루어져 있었다.

일단 필기시험을 준비했다. 각종 자격증을 취득해 본 경험이 있는 남편이 필기시험 준비를 도와주었다. 남편이 조언해 준 대로 공부하고 필기시험을 보러 갔다. 시험 현장에 가서 깜짝 놀랐다. 대부분의 사람이 두꺼운 자격증 책을 들고 와서 공부하고 있었다. 나는 남편이 요약해 준 내용만 간략하게 정리해서 들고 왔기 때문에 떨어지는 건 아닌지 순간 불안해졌다. 다행히 시험문제를 보니 남편이 정리해 준 곳에서 대부분 출제가 되었다. 안심이 되고 남편이 고마웠다.

필기에 합격하니 실기가 남았다. 모르는 곳에 가면 또 못 한다고 말할 것이 뻔해서 지인을 통해 피부관리 기술을 배울 수 있는 분을 소개받았다. 산본에 계신 피부 미용과 교수님이셨다. 충북 음성에서 산본까지 운전해서 갈 자신은 없었다. 새벽 6시 첫 버스를 타고 동서울 터미널에서 내려 산본까지 지하철을 타고 이동했다. 오전 11시쯤 산본 교육장에 도착해 오후 3시까지 실습 교육을 받고 다시 집에 돌아오면 저녁 7시였다. 몸은 녹초가 되었지만, 반드시 합격하고 말겠다는 생각밖에는 없었다. 실습 교육을 하고 오면 마네킹 얼굴을 눕혀 놓고 배운 기술을 연습했다. 가까운 언니, 동생들에게도 부탁해 실제로 피부관리를 해주며 반복 훈련을 했다.

양손을 활용하는 기술을 나는 다섯 손가락으로 구현해야 하니 절대 쉽지 않았다. 다섯 손가락이 부족했기에 다섯 배 더 열정적으로 배우고 연습하였다. 마침내 실기 시험 신청을 하고 실기 시험장에 들어갔다. 시험 감독관들이 내 모습을 보고 모두 깜짝 놀라서 입을 다물지 못했다. 그리고 본인끼리 모여서 잠시 이야기를 나누더니, 한 분이 내게 와서 조심스럽게 이야기를 꺼냈다.

"우리가 실기 시간을 좀 더 드릴까요?"

한 손이 없는 나를 배려해서 고맙게 제안해 준 것이었다. 그러나 나는 대답했다.

"괜찮습니다. 감독관님. 다른 사람들과 똑같은 기준으로 시험을 보겠습니다."

나는 비장애인과 똑같은 조건에서 피부관리사 실기 시험을 치렀다. 결국 당당히 합격했다. 합격 소식을 접했을 때 남편이 참 고마웠다. 소아마비라는 불리한 상황에서도 포기하지 않고 물리치료사를 비롯해 여러 전문 자격증에 도전해 전문가로 살아가는 남편의 모습이 내게 좋은 모델과 힘이 되어주었기 때문이다.

불리하다고 못하는 것이 아니다. 불리한 만큼 몇 배 더 불타는 열정으로 도전할 때 '하면 된다'는 경험을 하게 된다. 다섯 손가락이 없지만 다섯 배 더 열정을 쏟아부을 수 있는 내가 참 고맙고, 자랑스럽다.

가장 위험한 인생은 아무런 위험에도 뛰어들지 않는 것이다

삶에는 죽음의 위험이 있다.

희망을 가지면 절망에 빠질 위험이 있으며,

시도를 하면 실패할 위험이 있다.

하지만 위험에 뛰어들지 않으면 안 된다.

… (생략) …

아무것도 하지 않는 사람은

아무것도 가질 수 없으며

아무것도 아닌 사람이다.

… (생략) …

위험에 뛰어드는 사람만이 진정으로 자유롭다.

— 작자 미상, 『영혼을 위한 닭고기 수프 2』 (푸른숲) 99-100쪽

참 맞는 이야기이다. 남편 물리치료실에서 10년간 보조로 일을 한 후 위험에 뛰어들기로 했다. 언제까지 남편의 보조 일을 하며 살 수는 없었다. 나도 나의 길을 가야겠다는 생각이 들었다. '어떤 일을 하는 것이 좋을까?' 많은 생각을 했다. 마땅한 일이 쉽게 떠오르지 않았다. 한 손을 사용하지 못하니 제약 사항이 많았다. 그러던 중 '그래 나같이 장애가 있거나 몸이 불편한 사람들을 위한 매장을 해보면 어떨까?' 하는 생각이 들었다. 바로 의료기 매장이었다. 의료기가 있어야 하는 사람들은 몸이 편치 않은 사람들이니 내가 공감도 잘 해줄 수 있고 상품도 잘 팔 수 있겠다는 확신이 들었다. 남편과 상의했다. 남편도 좋은 아이디어라고 격려해 주었다.

의료기 매장 오픈을 준비하다 보니 처음 예상했던 것처럼 간단한 일이 아니었다. 의료기 종류가 너무나 많았다. 4,000여 종이나 되었다. 거즈만 해도 거즈를 5cm, 10cm, 20cm 등 사이즈 별로 있었고 일반 거즈와 멸균 거즈로 또 나뉘었다. 기브스 신발도 사이즈 별로 다양했고 가위도 붕대가위, 일반가위 등 종류가 천차만별이었다. 핀셋, 구급함, 찜질기도 여러 사이즈와 회사가 있으며 휠체어도 수동 휠체어, 전동 휠체어, 스틸 휠체어, 알루미늄 휠체어 등 수많은 종류가 있었다. 막상 의료기의 어마어마한 양과 종류를 알고 나니 스멀스멀 두려움이 올라왔다.

'과연 내가 이렇게 많은 의료기를 챙기고 관리하며 사람들에게 잘 팔 수 있을까?'

그러나 이미 배는 항구를 떠났다. 여기서 배를 돌릴 수는 없었다. 의료분야에 아는 인맥이 많았던 남편에게 부탁해 초반 운영에 필요한 의료기를 모두 공급해 줄 수 있는 의료기 상사를 찾았다. 의료기 상품을 가지런히 정리해 배치할 수 있도록 인테리어를 했다. 의료기 상품 하나하나를 디스플레이하는 일도 장난이 아니었다. 손님이 들어왔을 때 가장 많이 찾을만한 제품을 앞쪽에 배치했다. 상품 배치를 완료하고 드디어 매장을 열었다.

'손님이 오면 뭐라고 인사를 하지?' 이런저런 생각을 하며 손님을 기다렸다. 그런데 이게 웬일인가? 매장 오픈 첫날, 단 한 명의 손님도 오지 않았다. 매출 0원. 충격이었다. 하지만 '아직 광고도 제대로 하지 않았고 처음 오픈한 것이니 사람들이 몰라서 그럴 거야.' 하고 위안을 하며 둘째 날 매장 문을 열었다. 놀랍게도 둘째 날도 고객은 단 한 명도 들어오지 않았다. 둘째 날 매출도 0원. 장장 6일 동안 매출이 0원을 기록했다. 가슴이 타들어 가기 시작했다.

물리치료실에서 근무할 때는 월급을 받으면 되었기 때문에 관리 비용에 대한 부담이 전혀 없었다. 그러나 지금은 상황이 완전히 다르다.

월세를 내야 했고 관리비와 전기세, 수도세도 내가 내야 했다. '이러다 다 거덜 나고 거리에 나앉는 거 아니야?' 하고 불안해하고 있을 즈음, 7일째 되는 날 저녁 7시경에 오매불망 기다리던 첫 손님이 들어왔다. 손님이 매장에 들어왔는데 너무 당황해 "어서 오세요!" 하는 인사도 하지 못했다. 그냥 멍하니 손님을 바라보고 있는데 손님이 먼저 물었다.

"혈당계 있어요?"
"네! 혈당계 있습니다. 여기요."

혈당계 몇 종류를 꺼내 보여드리며 설명을 해드렸다. 혈당계를 선택한 고객은 또 물었다.

"혈압계도 있나요?"
"네! 그럼요."

혈압계도 여러 종류를 제시해 드리며 가격과 사용법을 설명해 드렸다. 손님은 혈압계도 선택하고 계산을 위해 카드를 주었다. 매장 오픈 후 첫 카드 결제였다. 떨리는 손으로 카드 결제기를 통해 결제하고 손님에게 카드를 돌려드렸다. 처음으로 찾아주신 고객이 너무 감사해 개업 선물도 챙겨드리고 문밖에까지 나가 배웅을 하며 몇 번이나 허리를 숙여 인사를 했다.

　일주일 만에 첫 손님을 받고 혼자 감격해 다시 매장에 들어와 결제한 카드 영수증을 보았다. 그런데 이게 웬일인가? '오 이런! 이러면 안 되는데!' 판매 금액이 135,000원인데 카드 결제를 13,500원만 한 것이다. 카드기를 처음 사용하다 보니 긴장해서 0을 하나 안 눌렀다. 일주일 만에 온 첫 손님에게 판매는 성공했는데 계산을 잘못해 오히려 적자가 나버렸다. 혼자 내 머리를 쥐어박으며 "정은경! 너 왜 그래. 왜 그렇게 멍청한 거야!" 화를 냈다. 그러나 상황은 이미 돌이킬 수가 없었다. 손님은 떠났고 내게는 13,500원짜리 결제 영수증만 남아있을 뿐이다. 남편에게는 차마 이 사실을 말할 수 없었다. 그냥 첫 손님이 와서 첫 매출을 잘 올렸다고 웃으며 이야기했다. 남편은 수고했다며 속도 모르고 격려를 해주었다.

　이렇게 어설프게 시작한 의료기 매장은 서서히 자리를 잡아갔다. 신문에 광고지를 넣어 돌리기도 하고 꾸준히 홍보했다. 매장에 오신 손님들은 장애인인 나를 보고 처음에는 당황했으나 내가 장애의 어려움을 알고 공감을 해주며 대화를 나누다 보니 서서히 단골들이 늘기 시작했다. 시간이 흐르며 의료기가 필요해서 오기 시작했던 분들이 나와 대화하고 싶어서 방문하는 분들도 생겼다.

의료기 매장이 동네 사랑방처럼 편안하게 이야기를 나누는 곳이 되었다. 나중에 남편이 세상을 떠나고 의료기 매장을 정리할 때까지 10년 동안 의료기 매장은 내 삶의 터전이 되어주었으며 아들 공부시키고 우리 가족의 행복을 가꾸어 가는 버팀목 역할을 해주었다.

내가 만약 물리치료사 보조로 안전하게 근무하면서 살았다면 나는 이러한 행복과 자유를 누리지 못했을 것이다. 내가 위험을 무릅쓰고 독립적으로 사업을 시도했기에 그 이후에 있었던 삶의 쓰나미에도 휩쓸려 떠내려가지 않고 나와 나의 꿈 그리고 아들과 아들의 꿈을 지킬 수 있었다. 세상에서 가장 위험한 인생은 아무런 위험에도 뛰어들지 않는 인생이다.

악마가 보낸 죽음의 유혹을
물리쳐준 아들의 눈물

'인생에서 가장 슬픈 일은 무엇일까요?'
'인생 최고의 행복은 무엇일까요?'

꽤 오래전 한 때 일본 재계 순위 1위였던 소프트뱅크 손정의 회장이 트위터에 올렸던 질문이다. 이틀 만에 2,500여 개의 답변이 달렸다고 한다. 인생에서 가장 슬픈 일은 1위가 죽음 21%, 2위는 고독 14%, 3위는 절망 11%이었다. 가장 많은 답변을 받은 죽음은 '가까운 이의 죽음'을 말했다. 부모님, 배우자, 형제, 자녀, 친구 등 아끼는 사람을 이 세상에서 다시 보지 못한다는 생각은 상상하기조차 싫은 끔찍한 상황이라는 것이다.

13년 전 겨울 새벽, 상상하기조차 싫은 끔찍한 상황이 시작되었다. 자고 있는데 갑자기 이불이 척척해졌다. 일어나보니 남편의 소변이었다. 깜짝 놀라 "승현 아빠! 승현 아빠!" 큰 소리로 불렀지만, 대답이 없었다. 남편은 토하기 시작했다. 큰일이다 싶어 119로 전화했다. 그리고 바로 큰시누이에게 연락했다. 시누이도 놀라며 일단 빨리 삼성서울병원으로 오라고 했다.

119 응급차가 도착했다. 삼성서울병원으로 가자고 했다. 그런데 지역 119는 지역병원까지만 갈 수 있고 서울까지는 못 간다는 것이었다. 할 수 없이 개인 119를 불러 삼성병원까지 이동했다. 응급실에 사람이 너무 많았다. 수술을 할 수 없다고 했다. 구로에 있는 혜민병원으로 가라고 안내를 해주었다. 혜민병원에 도착하자마자 수술을 받고 중환자실로 옮겨졌다. 뇌졸중이었다. 그때까지만 해도 평상시 농담을 잘했던 남편이 환하게 웃으며 걸어 나와 "정은경! 나 연기한 거였어." 말해주길 간절히 기도하고 있었다.

담당 의사가 보호자를 찾았다. 진료실에 들어가니 의사가 말했다.

"마음 단단히 먹으십시오. 지금부터 시작입니다. 어떻게 될지는 아무도 알 수 없습니다."

그 말을 들은 순간부터 눈앞이 캄캄해지고 아무것도 보이지 않았다. 어떤 소리도 들리지 않았다. 태어날 때부터 한 손이 없는 장애인으로 살아오면서 그 누구에게도 손가락질받지 않기 위해 정말 앞만 보고 죽을힘을 다해 살았다. 그런데 이제부터 또 무엇을 시작한다는 말인가? 한 손 없이 살아온 것도 서러운데 남편마저 없이 어떻게 살아간다는 말인가! 진료실을 나와 마음속에 드는 생각은 오직 한 가지뿐이었다.

'남편을 데리고 어디 가서 죽어야 잘 죽는 것일까?'

망연자실 혼자 그런 생각을 하며 앉지도 못하고 서 있는데 갑자기 누군가 뒤에서 내 목덜미를 끌어안는 것이었다. 그리고 들려온 한마디!

"엄마! 내가 잘할 테니까 나 보고 살면 안 될까?"

중3 아들이었다. 그리고 아들의 눈물이 내 목덜미로 똑 떨어졌다.

'앗! 뜨거!'

정말 화상 입는 줄 알았다. 사람의 눈물이 그렇게 뜨거운 줄 몰랐다. 살이 데이는 듯한 느낌이었다. 정신이 번쩍 들었다. 아! 나, 살아야 하는구나. 내가 살아야 우리 아들도 돌보고 내 남편도 돌보겠구나.

"그래, 아들. 엄마, 아들 보고 살게."

아들이 나를 살렸다. 남편이 쓰러져 절망한 순간 악마처럼 다가왔던 죽음의 유혹을 아들의 뜨거운 눈물이 물리쳐주었다. 눈물 나게 고마웠다. 아들이.

정신을 차리고 보니 한겨울의 맹추위에 내 몰골이 말이 아니었다. 급하게 나오느라 맨발에 슬리퍼를 끌고 파카 하나 걸치고 오돌오돌 떨고 있었다. 남편은 중환자실에 있었으므로 당장은 보호자가 필요 없어, 아들은 친정 부모님과 함께 친정으로 보내고 나는 음성 우리 집으로 돌아왔다.

현관문에 들어서자마자 다리에 힘이 싹 풀리면서 털썩 주저앉고 말았다. 나도 모르게 울음이 터졌다. 목 놓아 소리 내어 울었다. 엉엉 울었다.

한참을 울고 나니 지칠 대로 지쳐 울지도 못하게 되었을 때 집안 꼴이 눈에 들어왔다. 난장판이었다. 소변과 토사물로 냄새가 말도 못 했다. 일어나 창문을 활짝 열고 집안을 깨끗이 치웠다. 갑자기 아들 생각이 났다. 친정엄마에게 전화로 물어보려고 하는데 핸드폰이 보이지 않았다. 하루 종일 넋 놓고 다니다 잃어버린 것이다. 황급히 의료기 매장으로 갔다. 매장 전화로 친정엄마에게 연락했다. 아들은 밥을 먹고 자고 있다고 했다. 마음이 놓였다. 매장을 둘러보고 필요한 물품을 정리정돈한 후 빠진 품목은 컴퓨터로 주문을 넣었다. 물건 대금을 보내야 할 곳은 송금을 해주었다. 이렇게 나의 일상은 다시 시작되었다.

　　매장을 방문하는 손님들이 매일 보이던 남편이 보이지 않으니 어디 갔는지 물었다. 서울로 취업이 되어 출근하러 갔다고 둘러댔다. 남편이 쓰러졌다는 표시를 내지 않기 위해 이전보다 더 칼 같은 생활을 했다. 오전 8시면 정확히 출근했다. 의료기 물품 재고도 정확히 확인하고 관리했다. 토요일에는 간병인이 없어 내가 간병하러 올라갔다. 주변 사람들에게는 주말 부부라서 남편 만나러 간다고 했다.

　　남편이 회복되지 않고 입원이 장기화하면서 대전 요양 병원으로 옮겼다. 큰 노력을 했지만, 남편은 식물인간 상태로 되어갔다. 그렇게 6개월이 지난 어느 날 남편이 위독하다는 전화를 받고 놀라서 달려

갔다. 막상 도착하니 남편은 아기처럼 새근새근 잠을 자고 있었다. 다행이었다. 남편에게 일주일에 한 번은 꼭 찾아갔다. 내 손으로 머리도 감겨주고 싹 씻겨서 예쁘게 만들어 주었다. 그리고 남편이 듣고 있는지 못 듣고 있는지도 모르면서 혼자 남편에게 이런저런 이야기를 했다. 나는 일주일 동안 어떻게 지냈고, 아들은 무슨 일이 있었으며, 의료기 매장에서는 어떤 일이 있었는지 등 다양한 이야기를 들려주며 이렇게 말했다.

"이렇게 모두 잘 지내고 있으니 이제 당신만 나아서 나오면 돼!"

그런데 어느 날 지나가던 간호사가 갑자기 소리쳤다.

"어머! 환자분이 눈물을 흘리고 있어요. 부인이 온 걸 아나 봐요."

순간 남편을 바라보니 남편의 두 눈에서 눈물이 흐르고 있었다. 몸은 움직일 수 없었지만 내 목소리는 듣고 있었던 남편은 며칠 지나 세상을 떠났다. 남편의 죽음을 누구에게도 알리고 싶지 않았다. 남편 선배가 근무하고 있는 병원에 부탁해 영안실을 잡았다. 부모님과 시누이 그리고 아들과 함께 조용히 장례를 치렀다. 화장한 남편의 유골을 내 치마폭에 싸서 정성껏 묻어주었다. 남편에게 말했다.

"여보! 미안해. 당신 세상 떠난 거 아무한테도 이야기 못 하겠어. 당신 좋아했던 사람들과 이별할 시간을 주어야 하는데 그러지 못해 정말 미안해. 대신 내가 우리 아들 잘 키울게. 그래서 아들 잘살게 만들어주고 자기 만나러 갈게."

4일 밤을 새웠다. 집에 돌아오니 아들이 의료기 매장을 하루 쉬는 게 어떠냐고 했다. 그럴 수 없었다. 이제는 나 혼자 아들과 나의 생계를 책임져야 했다. 아무렇지 않은 듯 출근해 매장을 열었다. 며칠 영업을 못 해서 그런지 손님들이 하염없이 들어왔다.

"정 사장 어디 갔다 왔어?"

묻는 손님들에게 답했다.
"네! 승현 아빠랑 놀러 갔다 왔어요."

매장의 일상은 전처럼 그대로 진행되었다. 매장에 오신 분들은 대부분 단골이어서 본인들의 힘든 이야기를 스스럼없이 내게 건넸다.

사춘기 아들 때문에 힘들다, 눈치 없는 시어머니 때문에 못 살겠다, 남편이 속 썩여 죽겠다, 다들 살겠다는 사람은 없고 죽겠다는 사람들뿐이었다. 그들에게 "어머! 어떡해요. 그렇게 힘들어서. 어떡해요" 공감과 위로의 말을 전하는 내 마음은 뭐라 말로 표현할 수 없는 심정이었다. 3년 내내 낮에는 씩씩한 척 일하고 저녁 내내 울었다. 미안해서 울었다. 아들도 안됐고, 나도 불쌍하고, 54살의 한창나이에 떠난 남편도 더없이 불쌍했다. 우리 매장은 통유리였다. 어느 영화에서 본 것처럼 가끔 그 통유리에 온몸을 던져 깨진 유리가 나를 덮치는 장면이 상상처럼 떠올랐다.

이대로 계속 살다간 암에 걸릴 것 같았다. 남편의 흔적이 그대로 남아있으며 남편이 살아있는 것처럼 거짓 연기를 해야 하는 이곳에 계속 있다가는 나도 서서히 죽어가겠다는 생각이 들었다.

'떠나야 한다. 나를 아는 사람들이 없는 곳으로. 가서 살아야 한다. 아들만큼은 잘 키워야 한다. 그래야 천국에서 승현 아빠를 만났을 때 할 말이 있다. 어디에서 시작해야 할까?'

손정의 회장이 던졌던 두 번째 질문 '인생 최고의 행복은 무엇일까요?'의 답변은 1위가 하루하루 살아있는 것[14%], 2위가 자아실현

12%이었다. 나는 배우자의 죽음으로 인생 최고의 슬픔을 경험했다. 그러나 하루하루 살아있으며 자아실현을 해간다면 나는 인생 최고의 행복도 경험하게 되는 것이다. 나의 행복을 위해서뿐 아니라 아들의 행복을 위해서라도 다른 선택을 해야 했다. 행복을 향한 의도적인 다른 선택을.

11번 퇴짜 맞으면
12번 제출한다

행복을 향한 의도적인 다른 선택을 어떻게 해야 할까? 무엇을 선택해야 이 비참한 슬픔에서 벗어날 수 있을까? 생각하고 또 생각했다. 그러다가 문득 공부가 하고 싶어졌다. 슬픔을 잊기 위해 계속 슬픔을 생각하고 있으면 슬픔에서 벗어날 수 없겠다는 마음이 들었다. 슬픔을 지우는 길은 무언가 다른 대상에 몰입하는 것이다. 내게 무슨 일이 일어났는지 생각할 겨를도 없이 완전히 어떤 한 가지에 몰입되어 있다면 비참함을 잊을 수 있을 것만 같았다.

'그래! 대학원을 가보자!'

장애인으로 살면서 가장 가슴 아팠던 것 중의 하나는 비장애인이

'장애인은 무식해'라는 편견을 갖고 있다는 것이었다. 그래서 장애인을 함부로 대하는 경우가 많았다. 과거에는 장애인이 일상 가운데 이동할 수 있는 수단이 많지 않았고 비장애인과 함께 학업을 같이 할 수 있는 환경이 제대로 갖추어지지 않았다. 그래서 아주 특별한 노력을 하는 장애인이 아니라면 대부분 학력 수준이 높지 않았다. 내가 그런 편견에 도전해 보고 싶었다. 대학원 석사과정에 들어가 제대로 공부를 해보고 학위를 정식으로 받아 장애인도 똑똑하고 공부를 깊이 할 수 있다는 것을 보여주고 싶었다.

대학원을 선택했던 또 하나의 이유는 진짜 전문가가 되고 싶었기 때문이다. 나는 다섯 손가락밖에 없지만 스포츠마사지, 체형 관리 및 체력 관리, 트레이너, 귀운동 지도자, 건강 관리사, 피부 미용사 등 손으로 할 수 있는 많은 자격증을 가지고 있다. 아울러 사람들의 마음을 이해하기 위해 상담심리학을 전공했다. 그러나 뭔가 부족한 느낌이 들었다. 사람의 몸에 대해서 나아가 건강에 대해서 보다 전문적인 지식을 쌓고 싶었다.

경기대학교 대체의학 대학원 식품치료학과에 입학했다. 그런데 '내가 과연 석사과정에서 진행되는 수업을 따라갈 수 있을까?' 하는 걱정이 들었다. 미리 사전 공부를 통해 대학원 수업에서 사용되는 용어를 이해할 수 있으려면 어떻게 하는 것이 좋을까 고민했다.

'그래! 고등학교 교과서부터 다시 보자!'

고등학교 생명과학 1, 2 교과서와 화학 1 교과서를 EBS로 공부하기 시작했다. 고등학교 수업이었지만 생소한 용어들이 많았다. 하지만 사람 몸에 관한 이야기들이라 여간 재미있는 게 아니었다. 열심히 몰입해서 듣고 이해 안 되는 부분은 반복해서 다시 들으며 학습하니 낯설었던 용어들이 친숙해졌다. 덕분에 대학원에 들어가 동양의학과 대체의학을 배울 때 상당히 도움이 되었다. 비교적 좋은 성적으로 졸업할 수 있었다. 살다 보면 감당하기에 벅찬 과제를 만날 수 있다. 그때 어렵다고 피하지만 말고, 시간이 다소 걸리더라도 기초부터 다시 하면 된다는 것을 깨닫는 소중한 시간이었다.

대학원에서 대체의학을 전공했다고 하면 도대체 대체의학이 무엇이냐고 질문하는 사람들이 많다. 대체의학 개론에 보면 의학은 여러 종류가 있으며 그 요법은 수백 가지가 된다. 또 학문적 접근법도 다양하여 그 접근 방향에 따라 이런 의학, 저런 의학이란 명칭이 생겨났다. 그런 과정을 거치면서 서양에서 발달한 의학은 서양의학이라고 부르게 되었고, 동양에서 발전한 의학은 동양의학이라고 부르게 되었다. 서양의학은 과학과 기술을 지식체계의 바탕으로 삼아 항생제와

외과적 수술의 우수성을 내세워 인간의 평균 수명을 크게 늘려놓았다. 그 결과 세계 의학의 주도권을 차지하게 되었다. 대체의학은 대체 의료요법들을 객관적이고 과학적으로 연구하는 의학으로 약초, 침술, 요가, 명상, 영양 요법, 동종 요법 등 다양하다. 우리나라를 제외한 다른 나라에서는 의료 환경이 서양의학과 대체의학 2가지로 분류된다. 그러나 우리나라에서는 서양의학과 동양의학한의학, 대체의학 이렇게 3가지로 구분된다.

대체의학이다 보니 아무래도 한의학에 관한 강의가 많았는데 하나는 동의보감이었고 하나는 동양의학이었다. 동의보감은 너무 어려워 재미없었다. 그런데 최 교수님이 강의한 동양의학은 간결하면서도 핵심을 정확히 알려주어 너무너무 흥미로우면서 재미있었고, 우리 선조들의 치료에 대한 놀라운 지혜와 인체의 신비를 배울 수 있어 가장 행복한 시간이었다.

그러나 위기도 있었다. 마지막 학기 발효 과목을 들을 때였다. 리포트 주제가 나와 열심히 작성해 제출했다. 그런데 리포트가 마음에 안 드셨는지 교수님께서 계속 퇴짜를 놓으셨다. 제출하면 다시 써서 내라고 하시고 또 수정해서 내면 또다시 쓰라고 하셨다. 11번 퇴짜를 맞았다. 정말 교수님이 미웠고 포기하고 싶은 마음이 굴뚝 같았다.

그러나 마지막 학기였다. 여기서 멈출 수는 없었다. 석사 학위를 받고 싶었다.

12번째 리포트를 제출했다. 교수님은 결국 통과를 시켜주셨다. 리포트 발표를 할 때 교수님께서 학생들에게 이번 학기에 나한테 제일 많이 혼난 학생이라고 말씀하셨다. 쑥스러웠다. 하지만 12번에 걸쳐 리포트를 썼기에 발표가 끝나고 청중들이 질문할 때 나는 어떤 질문이든 자신 있게 대답할 수 있었다. 그때만큼은 나 스스로가 참 멋지게 보였다. 발표와 답변을 들은 학생들도 크게 손뼉을 쳐주며 격려해 주었다. 후에 대학원을 졸업하고 컴퓨터 파일을 정리하다 보니 다른 리포트들은 다 지웠는데 딱 하나 12번째 제출했던 발효 과목 리포트는 파일이 그대로 있었다. 웃음이 나왔다.

대학원을 졸업하니 세상을 당당하게 살아갈 수 있는 자부심이 생겼다. 석사 학위증을 받아서가 아니라 공부하는 과정에서 쏟아부었던 나의 열정과 몰입의 경험 때문이다. 대학원을 다니는 동안 왕복 8시간을 도로 위에서 보냈다. 정말 쉽지 않았다. 때로는 이렇게까지 해야 하나 하는 생각이 들었다. 그러나 이왕 시작한 것이기에 중도에 포기할 수는 없었다. 생각지도 못했던 이런저런 어려움들이 발생했지만, 기어코 졸업을 해냈다. 앞으로의 삶에서도 많은 도전들이 찾아올 것이다. 기꺼이 그 도전들에 맞서줄 것이다. 그리고 끝을 볼 것이다.

나는 포기하기 위해 태어난 것이 아니라 끝을 보기 위해 태어난 사람이다. 끝을 보겠다고 마음먹었기에 내 인생의 끝에는 환한 미소를 보게 될 것이다.

석사 과정을 마치고 이제 더 이상 학위 공부는 하지 않겠다고 생각했는데 스멀스멀 박사에 대한 생각이 올라온다. 은경아 "워~ 워~" 좀 참아줄래.

2

우물 안 개구리, 우주를 향해 뛰쳐나가다

내 안에서 찾은 나다움을 잘 가꿔나가는 것,

그게 바로 매력이구나.

익숙한 것과의 결별,
새로운 나와의 만남

'언제나 내가 아닌 다른 무엇이 되고 싶었던 것 같다. 하지만 이제는 내가 되고 싶다. 일상을 살아가면서 늘 더 좋은 존재가 될 수 있으며, 늘 더 좋은 방법이 있다고 믿는 것이다. 그리고 항상 지금의 자신보다 나아지려고 애쓰다 보면, 나는 언젠가 나를 아주 좋아하게 될 것이다.' 변화경영전문가 구본형 작가의 『익숙한 것과의 결별』에 나오는 내용이다.

그렇다. 나도 항상 일상을 살아가면서 이런 모습이 아니라 무언가 정말 되고 싶은 모습이 있었다. 그래서 다섯 손가락이 없이 다섯 손가락으로만 살아가야 하는 상황에서 당장 생계를 유지하고 가족들을 부양해야 하는 일만 해도 감당하기 쉽지 않은 일이었지만, 더 나은 모습으로 이 세상을 당당하게 살아가기 위해, 남편이 세상을 떠났을 때 좌절하지 않고, 대학원에서 석사 학위를 받았다. 남들에게는 종이 조각에 불과할지도 모르는 석사 학위가 나에게는 익숙한 매장, 익숙한 거리, 익숙한 환경과 결별할 수 있는 힘이 되었다.

'그래! 떠나자. 이 잠옷같이 편안한 익숙함과 이별하자!'

의료기 매장을 내놓았다. 하루 만에 인수하겠다는 사람이 나타났다. 그렇게 빨리 인수자가 나타나리라고는 전혀 예상을 못 했어서 바로 다음 날 결정이 되니 내심 당황스럽기도 했다. 하지만 주사위는 던져졌다. 매장을 넘기고 친정이 있는 구리로 올라왔다. 80대 부모님과 대학생 아들을 부양해야 하는 데 무엇을 해야 할지 앞이 보이지 않았다. 고민에 고민을 거듭했다.

'무엇을 하며 살아야 할까?'
'진짜 내가 하고 싶은 일은 무엇일까?'

문득 한 기억이 떠올랐다. 과거 내가 물리치료실이나 의료기 매장에서 일할 때 장애아이를 둔 부모님들이나 보육 선생님들이 찾아와서

"우리 아이가 집 밖으로 안 나가려고 하는데 선생님처럼 당당하게 키우려면 어떻게 하는 것이 좋을까요?" 하며 자문하던 장면이었다. 또 어렸을 때 나는 선생님이 꿈이었다. 그래서 학교 다닐 때 아이들을 앉혀 놓고 칠판에 무언가를 쓰며 설명해 주는 것을 좋아했다. 그러나 선생님이 되지 못했다. 그래도 항상 강의하고 싶다는 꿈만은 버릴 수 없었다.

생각이 여기까지 이르자 강사가 되어야겠다는 결심을 했다. 강사가 되어 많은 장애인이 세상 밖으로 나올 수 있도록 희망과 용기를 주는 동기부여를 해주고 싶었다. 어떻게 해야 강사가 될 수 있는지 몰라 주변에 수소문을 해보았다. 아는 언니가 서울에 도움을 줄 수 있는 이느 대표를 찾아가 보라고 했다. 바로 대표의 사무실을 방문했다. 대표는 '강연 코칭과 치유' 과정을 운영하고 있었다. 등록을 하고 5주 과정을 배웠다. 대표가 가르쳐준 강사의 정의가 특별하게 마음에 와 닿았다.

보통 강사는 강연을 통해 콘텐츠를 전달하는 사람이다. 그러나 대표가 알려준 강사는 '강연을 통해 사랑을 전하는 사람'이라는 것이었다. 강사가 단순히 교육 내용을 전달하는 것이 중요한 것이 아니라 청중이 강연을 듣고 마음이 열리고 자존감이 회보되며 꿈을 향해 작은 실행이라도 할 수 있도록 도와야 한다는 것이다. 청중이 그렇게 실행하기 위해서는 에너지가 필요한데 그 실행 에너지는 무조건적인 사랑을 경험할 때 생긴다고 했다.

'아! 그렇구나. 나는 기계적으로 콘텐츠를 전달하는 강사가 아니라 사람의 마음을 움직일 수 있는 사랑을 전하는 강사가 되어야겠구나.' 하는 다짐을 하게 되었다.

대표는 강사가 빨리 되려면 자신의 이름으로 출간된 책이 있으면 좋다고 했다. 나도 내 이름으로 된 책이 있으면 얼마나 좋을까 하는 생각이 들었다. 그는 책을 출간하기 위한 중간 과정으로 블로그 포스팅을 해보자고 했다. 하루에 하나씩 블로그를 쓰는 1일 1 포스팅을 하면 글 쓰는 솜씨도 늘고 온라인 공간을 통해 나의 이름이 알려질 기회가 된다고 했다. 바로 간단하게 블로그를 만들고 다음 날부터 포스팅하기 시작했다. 나는 온라인 세계에 대한 문외한이었고 기계치였기에 하루 하나 글을 쓰는 것도 쉽지 않았다.

어떤 글을 써야 하나 하루 종일 고민만 하다가 포스팅하지 못하는 날도 있었다. 블로그의 댓글과 답글도 구분하지 못해 헤매기도 했다. 댓글은 포스팅한 글에 방문자가 달아준 글이고 답글은 그 방문자가 남겨준 댓글에 내가 피드백으로 쓰는 글이 답글이었다. 그런데 블로그 방문자가 남겨준 댓글에다 감사의 답글을 달아야 하는데 그냥 댓글 창에다 감사의 인사를 남겼다. 이것을 보고 대표가 전화해서 "댓글을 달지 말고, 답글을 다세요." 했는데 무슨 말인지 못 알아듣다가 대표의 설명을 듣고 나서야 비로소 댓글과 답글의 차이를 이해하게 되었다.

어떤 때는 한참 글을 거의 다 썼는데 내가 무엇을 잘못 건드렸는지 써 놓은 글이 한순간에 사라져 버린 적도 있었다. 그렇다 보니 포스팅하면서 늘 조마조마한 마음이었다. 나보다 훨씬 더 컴퓨터와 온라인에 익숙한 여동생에게 모르는 것을 물어볼 때 핸드폰을 들고 벌벌 떨면서 "은이야, 이거 어떻게 해야 하니?" 하면 동생은 "쫄팅아! 그냥 해! 그냥 하면 되는 거야. 언니는 왜 맨날 그렇게 부들부들 떨면서 하냐?" 하며 면박을 주곤 했다.

이런 어려움을 겪으면서도 꾸준히 포스팅했다. 글감이 도저히 생각이 나지 않을 때는 대표에게 도움을 청했다. 대표는 나에게 내 일상과 생각에 대해 이것저것 질문을 했고 질문에 답하다 보면 어느새 글감을 찾을 수 있었다. 대표에게는 사람의 마음을 잘 끌어내는 달란트가 있었다.

2020년 2월 18일부터 블로그를 시작해 지금까지 1,000개가 넘는 글을 썼다. 이웃은 2,000명이 넘었다. 블로그를 쓰다 보니 블로그는 단순히 혼자만 아는 일기를 공책에 쓰는 것과는 확연히 달랐다. 내가 쓴 글을 보는 사람들이 있었다. 그리고 그들과 소통하는 채널이 되었다. 처음에는 나의 일상과 일상 중에 느낀 나의 생각들을 기록했다. 블로그의 장점은 쓴 글을 주변 사람들과 링크를 통해 쉽게 공유를 할 수 있다는 것이었다. 음성에서 구리로 올라온 이후 생활의 변화를 글로 써서 음성에 있는 지인들에게 공유했다. 지인들이 너무나 반가워했다. 사실 내가 갑자기 음성을 떠났기에 지인들은 그 속사정을 모르고 있었다.

나는 진정성 있는 소통을 위해 차마 말로 하지 못했던 나의 상황과 마음을 모두 글로 써서 그들과 나누었다. 남편이 세상을 떠났다는 사실도 블로그 글을 통해 그들에게 알려졌다. 지인들은 너무나 깜짝 놀라며 위로와 격려를 해주었다. 그런 힘든 상황을 잘 이겨내고 석사학위를 받고 강사라는 새로운 도전을 하는 나에게 용기의 댓글들을 남겨주었다. 나도 그들의 댓글을 보며 '역시 나는 혼자가 아니었어'라는 생각을 하며 감사의 답글을 달았다.

2021년 12월은 블로그를 시작한 이후 잊을 수 없는 경험을 한 달이었다. 책을 쓰기 위한 연습 과정으로 시작한 블로그였는데 블로그를 통해 첫 수익을 얻은 달이었기 때문이다. 블로그에는 '애드포스트'라는 것이 있다. 내 블로그에 '애드포스트' 링크가 걸리고 그 링크를 방문자가 클릭하면 나에게 광고 수익이 들어온다. 2020년 12월 24일 애드포스트를 신청했고 2021년 1월 10일 승인이 났다. 그해 12월에 정말 돈이 들어왔는지 궁금해서 애드포스트 통한 입금을 확인해 보았는데 세상에! '197,282원'이 적혀있었다. "와우!" 탄성이 절로 나왔다. 블로그를 통해서 수입을 얻었다는 것이 실감 나지 않았다. 수입 전환을 해보았다. 세금 떼고 179,847원이 통장으로 들어왔다. 통장으로 들어온 수입을 보니 마음이 뿌듯했다.

이 수입으로 무엇을 할까? 부모님 맛있는 거 사드릴까? 고마운 아들에게 선물할까? 고민하다가 1년 넘게 꾸준하게 블로그를 해 온 나에게 뭔가 보상을 주고 싶었다. 수익금을 가지고 천안에 핫한 거리인 신부동에 갔다. '후드 집업'과 운동화를 샀다. 언제든지 이 후드 집업을 볼 때마다, 운동화를 신을 때마다 블로그 첫 수입으로 산 것이라는 생각에 미소를 지을 것 같았다.

음성 의료기 매장이라는 우물 안에서 16년을 살았다. 남편이 먼저 세상을 떠나는 아픔을 겪고 우물을 뛰쳐나왔다. 익숙한 것과의 결별을 선택했다. '강사'라는 새로운 나를 향해 작은 한 걸음을 내디뎠다. 이사를 하고 교육을 받고 블로그를 쓰는 것이 누구에게는 정말 쉬운 일일 수 있다.

그러나 내게는 그 어느 것 하나 쉽게 할 수 있는 일들이 아니었다. 다섯 손가락으로 세상을 헤쳐나가야 하는 사람에게는 그 하나하나가 불면의 밤을 수없이 보내며 뚫고 나가야 하는 터널들이었다. 터널은 동굴과 다르다. 동굴은 들어갈수록 빠져나오지 못한다. 터널은 들어갈수록 끝이 가까워진다. 나에게도 터널 끝의 빛이 비치기 시작했다.

'나에게 블로그란?' 주제로 강연 의뢰가 들어왔다.

세상에 둘도 없던 기계치,
메타버스 강사가 되다

　블로그를 썩 잘하지 못하면서도 블로그를 통해 이웃들과 소통하면서 사람들이 나의 작은 일상과 마음을 표현한 글을 통해 마음이 따뜻해지고 긍정적인 생각을 갖게 된다는 것을 발견하게 되었다. '나에게 블로그란?' 강연을 하면서 블로그를 통해 내가 소통했던 내용들과 이웃들의 반응을 나누니 청중들도 뜨거운 반응을 보였다. 특히 내가 한 손이 없이 다섯 손가락만으로 그렇게 꾸준히 블로그 포스팅을 하는 것에 대해 놀라워하며 그 비결을 궁금해했다.

　내게도 특별한 비결은 없었다. 세상에 나오지 못하는 장애인과 힘들어하며 동굴 속에 숨어 있는 사람에게 희망과 용기를 주는 강사가 되고 싶었다. 굳이 비결이라고 한다면 다섯 손가락밖에 없었기 때문에 열 손가락 있는 사람들보다 두 배 이상 노력해야 한다는 간절함이라고나 할까. 블로그에 처음 글을 올리고 이웃의 첫 댓글이 달렸을 때의 기쁨은 지금도 잊을 수가 없다. 이렇게 내가 블로그를 지속할 수 있었던 힘은 바로 작가가 되겠다는 간절함, 다양한 사람들과의 소통할 수 있는 멋진 강사가 되겠다는 간절함이었다.

블로그 강의를 시작으로 1년 반이 넘도록 여러 단톡방에서 무료 강연을 했다. 어느 날 심 대표님이라는 분이 연락을 주셨다. 무료 강연이 아니라 천안인생극장 팀장으로 근무하면서 170석을 무대로, 강사로의 꿈을 펼쳐보면 어떻겠냐는 제안을 해주셨다.

'인생극장? 170석 무대로 강사의 꿈을?'

심 대표님이 어떤 분인지 아직 잘 몰랐지만, 목소리가 진실하게 들렸고 천안인생극장이라는 구체적인 실체를 말씀해 주셔서 기꺼이 만나보기로 하였다. 2021년 10월 12일 12시에 천안인생극장에서 첫 미팅을 하기로 했다. 50여 년을 살면서 천안은 처음이었다. 당연히 기차를 타고 가려고 알아봤는데 청량리에서 천안까지 가는 지하철이 있었다.

'와! 세상 정말 좋아졌구나'

내 세계에서만 빠져 살다 보니 천안까지 전철이 운행된다는 사실조차 모르고 있었다. 전철을 타고 가는데 추수를 기다리는 벼들이 아름답게 보였다.

'그래, 나도 저렇게 아름다운 인생의 추수를 거두어야 할 텐데.'

천안역에 도착해 제일 먼저 한 일은 '천안'의 한자를 찾아보는 것이었다. 天安이라고 나왔다. 하늘 천에 편안할 안이었다. 하늘 아래 편안한 곳!

'지금까지 내가 너무 힘들게 살아서 이제 하늘에서 나에게 편안한 곳에서 좀 쉬면서 살라고 보내주시는 곳인가보다.' 하는 생각이 들었다. 마음이 진짜 편안해졌다. 천안역에 내리니 천안의 명물 호두과자 파는 곳이 보였다. 진짜 천안 맞았다.

초행길이라 물어물어 천안인생극장에 도착했다. 문을 빼꼼히 열고 들어가니 영화 속에나 나올 것 같은 장면이 나타났다. 2년 가까이 문을 닫았던 곳이라 전기도 들어오지 않았고 물도 나오지 않았다. 극장 로비에는 의자와 탁자가 여기저기 흩어져 있었고 온통 먼지가 새까맣게 쌓여 있었다. 여기저기 거미줄이 늘어져 있어 꼭 어디선가 머리를 풀어 헤친 유령이 금방이라도 툭 하고 튀어나올 것 같았다. 그런 으스스한 곳에서 호롱불 같은 것을 켜놓고 심 대표님 혼자 청소를 하고 계셨다. 잠깐 인사를 나누고 청소하는 곳에 맡기면 안 되냐고 물었다. 청소 용역에 맡기면 쓸만한 물건도 쓰레기라고 다 버리기 때문에 안 된다고 했다. 본인이 직접 해야 버릴 것은 버리고 쓸만한 것은 다시 사용할 수 있다고 했다.

그때부터 대표님과 같이 청소했다. 일단 로비에 있던 의자와 테이블을 밖으로 빼고 거미줄을 제거했다. 쓸고 닦고, 전구도 갈고 망가진 곳은 수리했다. 20일 정도 정성을 다하니 때가 꼬질꼬질한 어린아이를 때 빼고 광내서 뽀시시하게 만들어 놓은 것처럼 극장이 뽀시시하게 변했다. 마음이 한바탕 쏟아진 소나기가 내린 뒤의 맑은 하늘처럼 환해졌다. 그렇게 우리는 2021년 11월 1일 천안인생극장을 다시 열었다.

심 대표님과 지내면서 놀라운 점이 있었다. 심 대표님은 시대를 앞서가는 분이었다. 새로운 기기가 나오면 꼭 직접 사서 체험을 해보고, 체험한 것을 바탕으로 강의하셨다. 가상현실을 활용한 오큘러스도, 여러 분야에서 활발히 사용되고 있는 드론도 직접 작동을 항상 먼저 해보고 대표님이 경험한 것을 강의하셨다.

나에게도 동기부여 강연만 해서는 제대로 성장할 수 없으니 그때

막 새롭게 출현해 화제가 되고 있던 메타버스를 해보라고 했다. 이때 메타버스 교육 과정을 받고 와서 해보라는 것이 아니라 일단 메타버스 플랫폼인 제페토에 천안인생극장을 만들고 운영을 해보라고 했다. 메타버스, 제페토 모두 생소한 용어였지만 무조건 운영을 해야 했으므로 무료 대학인 유튜브 대학을 열심히 찾아 들어가며 실습했다. 블로그를 일단 했던 것처럼 메타버스도 일단 했다.

2021년 12월 5일 제페토에 천안인생극장을 만들어 오픈했다. 우리나라 극장 중에는 최초였다. CGV보다 먼저였다고 생각한다. 대표님은 한발 더 나아가 '메타버스 시대 우리 제페토에서 놀아요'라는 유튜브 라이브 방송을 시작했다. 매주 수요일과 토요일에 나와 함께 진행했다. 천안인생극장을 방문한 고객들에게 스마트폰 플레이스토어에서 제페토를 다운받아 드리고 아바타를 만들어드렸다.

그렇게 만들어드린 아바타로 고객들이 제페토에 들어와 같이 춤도 추고 노래도 부르며 즐겼다. 고객들도 지방의 이름 없는 극장에서 최신의 온라인 도구를 사용해 서비스를 제공하니 놀라워하며 즐거워했다. 나도 신이 났다. 시대를 앞서간다는 자부심도 느꼈다. 무엇보다 세상에 둘도 없는 기계치였던 내가 고객들에게 스마트폰으로 아바타도 만들어 드리고 옷과 신발도 사서 입혀드리고 집도 만들어 꾸미는 등 다양한 활동을 자유자재로 하면서 기계에 대한 두려움을 완전히 떨칠 수 있었다.

이후 이러한 경험을 바탕으로 '누워서 떡 먹기보다 쉬운 메타버스 따라하기'라는 나만의 책을 만들었다. 이 책 덕분에 2022년 6월 9일부터 한국노인인력개발원과 보건복지부에서 주관하는 메타버스 강사로 활동할 수 있었다. 여기까지 가자 대표님은 메타버스 강사 과정을 수강해 보라고 했다. 과정을 수강하면서 이미 다양한 경험을 해봤기 때문에 교육 내용을 잘 이해할 수 있었고 자격증도 무난히 취득할 수 있었다.

「메타버스 전문가 2급」, 「메타버스비즈니스전문가」, 「메타버스 교육 컨텐츠 제작 지도사」, 「인공지능AI활용지도사」, 「메타버스관리사」

내가 취득한 메타버스 관련 자격증이다. 2022년 11월에는 메타버스 다른 플랫폼인 이프렌즈 6기로 활동을 하며 우리 극장에서 상영하는 고전영화에 관한 이야기도 나누었다.

심 대표님을 만나 기계에 대한 두려움으로 기계만 보면 벌벌 떨던 기계치였던 내가 최신 트렌드인 메타버스 강사가 되었다. '체험'이 얼마나 중요한 것인지 다시 깨닫는 기회가 되었다. 책상머리에 앉아 아무리 이론을 열심히 공부하고 머리에 지식을 가득 담고 있어도 소용없다. 결국 직접 손과 발을 움직이면서 실행하며 체험해 봐야 한다.

    나는 이제 두렵지 않다. 무슨 일을 만나든 더 이상 벌벌 떨지 않고 일단 시작할 것이다. 경험할 것이다. 손과 발을 움직일 것이다. 다섯 손가락밖에 없으므로 두 배로 움직일 것이다. 열 손가락 가진 이들이여, 무엇을 두려워하는가? 무엇을 걱정하는가? 일단 해보라! 일단 시작하라! 일단 체험 속으로 몸을 던져라! 꿈이 따라올 것이다.

'열등의식'을 연료로
첫 공모전에서 우수상을 받다

"열등의식이 있습니다."

학교 다닐 때 내 통지표에 늘 쓰여있던 말이다. '열등의식'이라는 단어가 정말 싫었다.

'다섯 손가락으로 살면서 열 손가락 아이에게 뒤처지지 않기 위해 정말 치열하게 살아가는 나를 보고 열등의식이 있다고 하다니. 그냥 열심히 한다고 해주면 안 되나?'

2022년 2월 13일 일요일 오후, 지인으로부터 카톡이 왔다. 공모전에 도전해 보라는 것이었다. 왠지 그냥 도전해 보고 싶다는 마음이 올라왔다. 공모전 참여 방법을 물으니 '엽서시' 문학 공모전 앱을 설치하라고 했다. 앱을 설치하고 살펴보니 무척 다양한 문학 공모전이 열리고 있었다. 그중 눈에 띄는 것이 있었다. '고양시 장애인종합복지관 제17회 전국장애인문학제'였다.

분야는 크게 시문학과 산문학으로 나뉘었다. 산문학에는 수필, 소설, 희곡 등이 있었다. 수필에 도전하기로 했다. 분량은 A4용지 5장 내외였다. 할 수 있겠다는 생각이 들었다. 응모 자격은 등록 장애인 및 장애인 가족이었다. 작품 접수는 2022년 2월 7일에서 3월 20일까지였다. 제출 서류는 작품, 신청서 1부, 장애인복지카드 사본 앞뒷면 1부씩이었다. 발표는 4월 6일 17시 홈페이지 게시 및 개별 통보 예정이었다.

수필을 쓰기로 했으니, 수필의 정의가 궁금했다. 수필이란 '자신의 경험이나 느낌 따위를 일정한 형식에 얽매이지 않고 자유롭게 기술한 산문 형식의 글'이라고 되어 있었다. 소설과의 차이점은 소설은 꾸민 이야기지만 수필은 본인이 직접 경험한 이야기를 바탕으로 쓴다는 점이다.

글을 쓰려고 컴퓨터와 마주 앉았다. 막상 글을 쓰려니 내 이야기를 쓰는 것임에도 어디서부터 시작해야 좋을지 엄두가 나지 않았다. 고민 끝에 일단 한 줄을 썼다. 또 한참 고민을 하다 한 줄을 썼다. 이렇게 몇 줄을 쓰고 나서 다시 읽어보면 아닌 것 같아 지우고 다시 쓰기를 반복했다. 나는 무엇을 새롭게 시작하면 완전히 몰두하는 스타일이다. 다른 일을 하면서도 머릿속에는 온통 공모전 생각뿐이었다.

'이 부분 다음에는 어떻게 써야 할까? 이 표현을 좀 더 자연스럽게 바꿀 수는 없을까?'

계속 고민하다 보니 잠도 제대로 잘 수 없었다. TV 드라마에서 글 쓰는 작가들이 잠도 못 자고 글을 썼다가 원고지를 집어 던졌다가 머리를 쥐어뜯으며 또 글을 쓰는 장면을 보고는 했는데 내가 그 행동을 하고 있었다. 정말 꿈에서도 글을 썼다. 새벽 2시에 일어나 글을 쓰고 수정하고를 반복했다. 그렇게 한 달 정도 하고 나니 헛구역질이 날 정도였다. '내가 무슨 부귀영화를 누리겠다고 이러고 있는 거지?' 하는 생각도 올라왔다. 몸이 힘드니 생각도 부정적으로 기우는 것이었다. 그러나 여기서 멈추면 분명 후회할 것 같았다.

글을 쓰다 보니 '나 자신이 평생 장애인으로 살아오면서 정말 열심히 살아왔구나!' 하는 생각이 들었다. 무엇보다 소아마비 장애인으로 한없이 따뜻했던 남편이 병으로, 갑자기 하늘나라로 가면서 벼락같이 찾아온 삶의 위기를 오히려 꿈을 이루는 기회로 바꿔온 나의 뜨거운 이야기를 들려주고 싶었다.

계속해서 쓰고 읽고 지우고를 반복하며 글을 완성해 갔다. 마침내 3월 15일 응시했다. 원고를 투고하고 나니 알 수 없는 허무감이 밀려왔다. 눈물이 스르르 흘러내렸다. 한동안 멍하니 지냈다. 온 힘을 다해 집중해서 일을 마치고 나면 왜 이렇게 공허하고 멍해지는 걸까? 나만 그런 걸까? 여러 생각이 들며 하릴없이 시간이 흘러 4월 6일 공모전 발표일이 되었다.

아침부터 가슴이 두근거리며 일이 손에 잡히지 않았다. 첫 공모전 도전이라 크게 기대하지는 않았지만 '그래도 혹시?' 하는 손톱만큼의 희망이 있었기 때문일까? 오후 4시 59분, 5시가 되기 1분 전이었다. 문자 한 통이 도착했다. 공모전에 입상했으니, 홈페이지를 확인하라는 것이었다. 순간 "오!" 하는 기쁨의 탄성 소리가 흘러나왔다.

떨리는 마음으로 복지관 홈페이지를 열었다.

우수상: 정은경 '다섯 손가락으로 잡은 희망'

믿기지 않았다. 홈페이지 화면을 확인하고 또 확인했다. 아무리 다시 봐도 내 이름이 맞았다. 내가 쓴 글이 우수상으로 선정이 됐다.

'이럴 수가! 첫 공모전이었는데 우수상을 받다니!'

너무너무 기뻤다. 한 달간 잠을 거의 못 자다시피 하며 쓴 글이었기에 눈물이 핑 돌았다. 내가 살아온 삶이 헛된 것은 아니었구나, 생각도 들어 안심되었다. 남편을 먼저 보내고 난 후 사람들에게 꿈과 희망을 주는 강사가 되고 싶어 좌충우돌 도전해 마침내 상위 1% 안에 드는 블로거가 되고 동기부여 강사와 메타버스 강사까지 되었으며 천안인생극장에 팀장으로 취업까지 하게 된 내 삶의 솔직한 이야기가 객관적으로 인정받은 느낌이었다.

공모전 시상식은 4월 21일 고양시 장애인 종합복지관에서 열렸다. 길치라 일찍 집을 나섰다. 시상식은 14시인데 12시 30분에 도착했다. 시간이 일러 주변을 둘러보았다. '탄현 구석기 어린이 공원'이 보였다. 들어가 보니 참 예쁜 꽃들이 많았다. 봄꽃들이었다.

'맞아, 지금 봄이지. 그렇다면 내 인생에도 봄이 온 것인가!'

순간 이런 마음이 잠깐 들어왔다. 시간이 되어 시상식장으로 갔다. 사람들이 많이 와 있었다. 다들 가족들과 함께 와 축하해주며 사진도 찍고 왁자지껄 기뻐하고 있었다. 나만 혼자였다. 남편 생각이 간절했다.

'이 순간 남편이 함께했다면 얼마나 기뻐해 주었을까! 얼마나 축하해주었을까!'

사실 남편이 세상을 떠난 후 난 3년 동안 매일 울었다. 아무것도 하기 싫었다. 하나뿐인 아들 학원비와 부모님 생활비, 가게 월세를 내야 했기에 매장에 있는 동안만 손님들 응대하며 정상인 척했을 뿐 나는 제정신이 아니었다. 어느 날 남편이 꿈에 나타났다. 갑자기 천둥 같은 소리로 꾸짖었다.

"너! 정신 안 차릴 거야!"

깜짝 놀라 일어났다. 남편은 평소 화를 내거나 큰소리치는 사람이 아니었다. 한없이 부드러운 사람이었다. 그런 남편이 화를 낸 것이다. 그것도 꿈속에까지 찾아와서. 정신이 퍼뜩 들었다. 그제야 나는 슬픔을 지우고 다시 마음을 추스르고 잊고 있었던 꿈에 대한 소망의 불을 지피기 시작했다.

남편이 없으니, 옆에 앉은 분에게 내가 수상할 때 사진 촬영을 부탁했다. 흔쾌히 응해주었다. 감사했다. 식순에 따라 국민의례 등등이 지나고 입상자들의 시상식이 시작되었다. 청각 장애인 한 분이 수상

소감을 말하며 청각 장애인으로 힘들게 살아오면서 겪었던 마음 아픈 순간들을 이야기하자 내 앞에 앉아 있던 청각 장애인도 공감하는지 계속 눈물을 흘렸다.

그렇다. 우리는 장애라는 공통점을 가지고 있었다. 비장애인보다 아무래도 살아가는 데 불편한 점이 많다. 그래서 우리는 비장애인보다 더 열심히 살려고 노력한다. 어찌 보면 나도 장애가 있었기에 이렇게 치열하게 살 수 있었는지도 모르겠다.

학교 다닐 때 늘 통지표에 적혀있던 '열등의식'이 나를 더 도전하게 했고, 오늘 이렇게 첫 문학공모전에서도 우수상을 받게 해주었다는 생각도 들었다. 그렇게 보면 '열등의식'이라는 말이 꼭 나쁜 것만은 아니라는 마음이 든다. 열등의식이라는 연료를 태워 가며 이 자리까지 올 수 있었으니까.

누군가 결핍과 부족함 때문에 열등의식에 사로잡혀 있는 사람을 만나면 이제 자신 있게 내 이야기를 들려줄 수 있다.

'열등의식'은 꿈의 종착역에 도착할 수 있도록 열정을 불태우게 해주는 소중한 연료였다고.

「나도 강사다」, 천안의 세바시를 열다

"내 안에서 찾은 나다움을 잘 가꿔나가는 것, 그게 바로 매력이구나."

가수 하니가 세바시 1,788회 강연에서 한 말이다. 하니는 이름을 얻은 가수였는데도 자신이 부러워하는 점을 가진 사람을 보면 본인의 부족함을 느끼며 마음이 힘들었다고 한다. 그러다 청년들과 대화하며 다른 청년들도 그런 마음을 가진 것을 보고 '아! 내가 못나서 그런 것이 아니구나. 다른 사람들도 그런 생각을 하고 있구나. 나도 그냥 잘 살고 있었구나.' 하는 생각이 들었단다. 그리고 '기린이 사자의 송곳니를 부러워할 필요가 없고 사자가 기린의 기다란 목을 부러워할 필요가 없는 거지.' 하는 깨달음을 얻고 내 안에서 찾은 나다움을 잘 가꿔나가는 것이 진짜 매력이라는 생각을 하면서 마음이 편해졌다고 했다.

하니의 강연을 들으며 다섯 손가락으로 태어나 장애인으로 살아오면서 깊은 열등감으로 힘들어했을 때가 떠올랐다. 그리고 지금 그 누구보다 자신감 있게 살고 있는 내 모습이 바로 '매력적인 모습이구나.' 하는 생각이 들어 기분이 좋았다.

'세바시'는 세상을 바꾸는 시간의 줄임말이다. 감동적인 스토리를 가진 사람들이 나와서 15분 동안 강연을 하는 프로그램인데 15분의 짧은 시간에도 불구하고 강연을 통해 많은 사람들이 희망과 용기를 얻는 시간이 되었다. 나 또한 세바시 강연을 들으며 많은 영감으로 얻고 세상을 살아갈 힘을 얻곤 했다. 어느 날 심 대표님이 인생극장의 무대를 보며 내게 말했다.

"무대 많이 안 서 봤지? 나는 40년 동안 별의별 무대를 다 서 봤는데, 이 정도 무대면 진짜 괜찮은 무대야! 사실 사람은 50년 이상 살고 나면 누구나 자신의 사연을 갖고 있게 마련이거든. 그 사람들에게 자기 삶의 지혜를 공유할 기회를 주고 젊은이들에게는 그 지혜를 듣고 현명한 인생을 살아갈 수 있도록 돕는 천안의 세바시를 열고 싶어."

그 말을 들으며 내 마음도 찡해왔다. 사실 나도 지금까지 살면서 수많은 일들을 겪으며 깨닫게 된 소중한 생각들을 많은 사람들과 나누고 싶다는 마음이 간절했기 때문이다.

'그래! 천안의 세바시를 한 번 열어보자!'

어떻게 하면 천안의 세바시를 열어볼 수 있을까 방법을 찾던 차에 천안 문화도시 공모사업을 알게 되었다. 극장이라는 공간을 이용해서 할 수 있는 공모사업인 '공간스위치'에 「나도 강사다」라는 800만 원짜리 프로그램 제안서를 제출했다. 처음 시도해 보는 일이라 어떻게 될지 몰랐다. 그런데 대표님의 소원이 간절해서인지 덜컥 사업에 선정이 되었다. 대표님은 뛸 듯이 기뻐했다. 800만 원을 지원받아 일단 무대 공간을 넓혔다. 남은 금액으로 「나도 강사다」 프로그램 홍보와 진행 비용을 충당했다. 시민 강사들을 초대해야 하므로 강사비도 책정했다. 강연을 생방송으로 송출하기 위해 카메라맨과 PD도 섭외했다.

이제 강사를 섭외해야 했다. 천안 시민의 진솔한 이야기를 들려줄 수 있는 평범한 시민 중에 감동적인 스토리를 지닌 55세 이상의 강사를 찾는 것이 관건이었다. 나는 외지인이었기에 천안에 아는 사람이 없었다. 다행히 교회에서 만난 고마운 분들이 여러모로 힘이 되어주셔서 두 분의 강사를 섭외할 수 있었다. 이분들은 전문 강사가 아니었으므로 이분들을 인터뷰하면서 이분들의 삶의 스토리를 다 듣고 그것을 PPT 강연 안으로 만들어드렸다.

강연 연습도 필요했다. 극장에서 영화 상영이 끝나면 비는 시간에 올라가 강연 리허설을 했다. 다행히 강사님들의 삶의 이야기들이 진솔하면서 감동이 있어 청중들에게도 유익한 시간을 보내겠다는 확신이 들어 기뻤다.

홍보를 위해 플래카드와 포스터, 배너도 준비했다. 다행히 행사 당일 강사님들의 지인들도 오시고 천안에 사시는 여러분들이 응원차 오셔서 제법 강연회다운 분위기가 났다. 「나도 강사다」 프로그램은 총 4회가 진행되었다. 진행하다 보니 프로그램이 진행될 때는 북적북적하는데 끝나고 나면 남는 것이 없이 왠지 허전한 느낌이 들었다. 프로그램 끝나고 그 감동의 여운을 함께 나눌 시간이 있으면 좋겠다는 생각이 들었다.

'그래 밥을 함께 먹자'

우리나라 사람들은 밥을 함께 먹으면서 친해져 '식구'가 되지 않는가! 다음 프로그램부터는 새벽 6시도 안 되는 시간에 출근해 30여명 분의 밥을 준비했다. 내 생각이 맞았다. 강연이 끝나고 같이 밥을 먹으니, 강연에 대한 감동도 나누며 서로 친해졌다. 자연스럽게 천안에 이런 멋진 프로그램을 만든 인생극장에 대한 칭찬도 이어졌다. 극장의 홍보에는 더할 나위 없이 좋은 계기가 되었다.

식사가 끝나고 청중들을 보내고 나면 뒤처리는 나의 몫이었다. 프로그램 진행에 대한 정산과 행정 처리도 오롯이 내가 해야 했다. 프로그램 준비부터 진행, 마무리와 후속 작업까지 해내느라 정말 죽을 맛이었다. 일주일 동안 시간이 어떻게 지나는지 모를 정도였다. 예산 지원을 받아 4회를 하고 다시 우리 극장 예산으로 4회를 더 진행하였다.

총 8회를 진행하며 아주 힘든 것도 사실이었지만 참으로 보람이 컸다. 완전히 쓰레기장처럼 버려져 있던 극장을 심 대표님과 둘이 청소부터 시작해 다시 살려내고 이제는 천안의 세바시 프로그램「나도 강사다」까지 해냈다.

이런 경험을 통해 또다시 삶의 소중한 지혜를 배울 수 있었다. 혼자서는 할 수 없지만 함께라면 가능하다. 심 대표님이 버려진 인생극장을 혼자 치울 때 사실 앞이 막막했다고 한다. 그런데 내가 나타나 함께 청소하기 시작하자 가능한 길이 보였다고 했다. 나도 혼자였다면 공모사업에 도전할 생각도 못 했을 것이다. 천안의 세바시는 꿈도 꾸지 못했을 것이다. 그러나 함께 꿈꿀 때 우리는 그 모든 것을 해낼 수 있었다. 「나도 강사다」에 참여했던 강사님들도, 청중으로 오셨던 천안 시민들도, 강연을 유튜브로 보았던 구독자들도 모두 놀라고 감동했다. 천안의 작디작은 극장에서 이렇게 멋진 프로젝트를 할 수 있으리라고는 생각지 못했기 때문이다.

인생은 절대 녹록지 않다. 예상치 못한 수많은 장애물이 나타나기 마련이다. 이제는 두렵지 않다. 혼자가 아니라 함께 할 수 있기 때문이다. 나도 누군가에게 '함께'가 되어줄 것이다.

용기는 두려움이 올라오는데도
해보는 것이다

이순신 장군!

내가 역사적으로 존경하는 위인이다. 이순신 장군은 얼마 남지 않은 배 13척으로 300척의 왜군을 무찔러 우리 민족에게 희망과 용기를 주신 정말 위대한 분이다. 나도 다섯 손가락으로 태어나 늘 결핍된 상태에서 살아야 했다. 이순신 장군의 이야기를 읽으며 결핍이 문제가 아니라 얼마나 창의적으로 대응하느냐가 더 중요하다는 사실을 깨달으며 희망을 품었다. 그런 희망의 힘으로 다섯 손가락으로도 계속해서 다가오는 인생의 장애물들을 무찌를 수 있었다.

그런데 전라도에서 이순신 장군이 그런 승리를 거둘 수 있었던 것은 경상도에서 곽재우 장군이 왜군을 물리쳐 육로를 거쳐 전라도

쪽으로 넘어오지 못하게 했기 때문이라는 사실을 알게 되었다. 일본의 왜군은 조선을 침략하며 전 군을 9군으로 분류하여 곡창지대인 전라도를 접수하기 위해 경상도를 거쳐 전라도를 점령하는 방안과 바닷길을 거쳐 전라도를 점령하는 전략을 세웠다고 한다. 이때 경남 의령의 의병장 곽재우 장군이 경상도에서 왜군을 대파함으로써 전라도 진출에 실패하였으며 이에 따라 이순신 장군은 마음껏 바다에서 왜군을 물리칠 수 있었다.

이런 곽재우 장군의 고향이 바로 경남 의령이다. 의령에서는 1592년 임진왜란 당시 전국 최초로 의병을 일으켜 파죽지세로 조선을 점령하던 왜군을 격파하여 나라를 지켜낸 곽재우 장군과 의병들을 기념하기 위해 축제를 연다. 제48회 의령 홍의장군 축제가 2023년 4월 20일부터 23일까지 경남 의령에서 열렸다. 곽재우 장군은 전투 시에 늘 붉은 비단으로 만든 갑옷을 입고 출전하여 홍의장군이라는 별명을 얻었기에 축제의 이름에 홍의장군이 들어간 것이다. 2023년에는 기존 축제의 명칭이었던 '의병 제전' 대신 '의령 홍의장군 축제'라는 명칭을 처음으로 사용하였다.

'의령 홍의장군 축제'에 유튜브 채널 '도전 365' 운영자인 심 대표님도 축제 출정 퍼레이드 생중계 및 유튜브 송출로 초대를 받았다.

심 대표님이 내게도 함께 가자고 제안했다. 나는 호기심에 흔쾌히 가겠다고 했다. '의병 출정 퍼레이드와 횃불 행진'은 저녁 7시부터 시작이었다.

우리는 천안에서 아침 7시에 출발했다. 의령 행사장에 도착하니 12시쯤 되었다. 꽤 규모가 있는 축제라 많은 사람들이 모였다. 행사 차량도 많았다. 아무 차량이나 들어가면 안 되기 때문에 행사장 입구에 검문소가 있어 행사 참가 차량인지 확인 후 차량 입장이 가능했다. 참가 차량마다 지정 장소가 있었다. 먼저 온 팀원들이 우리 차량 장소를 알려주었다. 그곳에 자리를 잡고 마침 점심때라 팀원들과 점심을 먹으러 갔다. 다른 축제장과 마찬가지로 국수, 족발, 파전, 케밥, 초밥 등 여러 음식이 있었다. 우리는 간단하게 먹기 위해 국수 파는 곳으로 들어가 앉았다.

오는데 힘들지는 않았는지, 어떻게 지냈는지 서로 안부를 물으며 맛있게 점심을 먹었다. 점심 식사를 마치고 본부석을 찾았다. 본부석에는 우리뿐만 아니라 사회자를 비롯해 여러 업체에서 와있었다. 행사 중계는 여러 팀이 서로 협력해서 해야 했다. 이 분야 베테랑인 심 대표님을 알아보는 분들이 인사를 하며 우리 장비를 세팅할 위치를 알려주었다. 노트북을 비롯해 다양한 방송 장비를 풀어 놓은 후 인터넷 회선을 끌어와 연결해야 했다. 이때 사람들에게 밟히지 않아야 하므로 회선 하나 연결하는 것도 결코 쉬운 일이 아니었다. 어렵게 인터넷 회선을 연결한 후 실수하지 않기 위해 퍼레이드가 진행될 장소를 한 바퀴 돌며 예행연습을 해보기로 했다.

심 대표님은 2000년 이전 무선 인터넷 시절부터 라이브 방송을 했다. 2000년 이전에는 라이브 방송 자체가 생소한 시절이었다. 그러다 보니 독특한 인물로 2002년 「피플 세상속에서」부터 2009년 서경석의 「하우머치」, 2012년 「VJ 특공대」 등 다양한 TV 프로그램에 출연했다. 그뿐만 아니라 2014년 세월호 사건이 일어났을 때는 단원고 학부모 한 분이 대표님께 와서 라이브 방송을 해달라고 부탁했다. 이때 KBS나 MBC 등 공중파 방송들은 학부모들이 믿을 수 없다고 하여 거센 항의에 의해 쫓겨났었다고 한다. 그러자 KBS에서 심 대표님 방송을 따서 방송하게 해달라고 부탁했고 그것이 방영되면서, 동시접속자 수가 10만 명이 넘었고 도전 365가 실시간 검색 순위 2위까지 올라가기도 했다.

20년 이상 이런 많은 경험을 했기에 심 대표님은 라이브 방송에 필요한 다양한 장비에 대해 속속들이 알고 있었다. 그뿐만 아니라 라이브 방송에 대한 강의도 많이 하므로 제자들도 많았다. 강의하면서는 "항상 강사에는 형식지 강사 지식을 이야기하는 강사 와 암묵지 강사 경험을 이야기하는 강사 가 있는데 진정한 강사는 암묵지를 이야기하는 강사다."

라고 강조하며 경험을 대단히 중요시했다.

　사실 이날 생방송 송출을 하기 전에 팀의 선배들이 내가 경험이 없어서 실수할 수도 있으니 라이브 방송 중계에서 빼는 것이 좋겠다고 이야기했다. 그런데 심 대표님은 지금 경험해 보지 않으면 앞으로도 계속 경험할 수 없게 되어 진정한 라이브 방송 캐스터가 될 수 없다고 말씀하시면서 나를 라이브 방송 캐스터로 편성해 주었다. 대표님이 하겠다고 하니 선배들은 할 말이 없었다. 나는 속으로 통쾌하기도 하면서 떨리기도 했다. '정말 내가 잘할 수 있을까?' 하지만 나는 지금까지 어떤 일이든 실제 상황에서 더 잘 해내는 스타일이었기에 나를 믿었다.

　우리는 퍼레이드가 진행될 장소를 한 바퀴 돌면서 예행연습을 했다. 잘 안 되는 부분은 서로 의견을 나누며 해결해 갔다. 막내인 나는 눈치만 볼 수밖에 없는 형편이었다. 본부로 모여 다시 한번 점검을 하고 우리는 5시 40분쯤 퍼레이드와 횃불 행진이 진행될 장소로 이동했다. 도착하니 벌써 행사에 참여할 사람들이 와 있었다. 퍼레이드 촬영은 한 곳에 서서 하는 것이 아니라 맨 앞 태극기를 든 사람들부터 농악대, 무술팀, 군인행렬, 횃불 든 사람들 등 맨 끝까지 왔다가 갔다 하며 라이브 방송을 하는 것이었다.

　나는 중간 정도 위치에서 시작하는 부분을 맡았다. 그곳에는 인재

대학교 학생들이 횃불 행진을 하기 위해 붉은 옷들을 입고 있었고 또 한편에는 흥겨움을 더해 줄 농악대가 준비하고 있었다. 곽재우 장군은 붉은 옷을 입고 왜군을 무찔렀는데 이때 사람들을 많게 보이게 하기 위해 횃불을 들고 함성을 질렀다고 한다. 또 홍의장군을 왜군이 두려워하니까 장수들에게 붉은 옷을 입혀 홍의 장군처럼 보이게 하였다. 그래서 학생들이 붉은 옷을 입고 횃불을 들고 행진하는 것이다. 퍼레이드가 시작되기 15분 전에 카메라를 켰다. 카메라를 켜고 조금 후 내가 촬영하는 곳이 「도전 365 유튜브」로 방송되는 것이 보였다. 드디어 7시 퍼레이드가 시작되었다. 횃불 행진을 하는 학생들과 농악대를 라이브 촬영을 하며 쫓아가는데 농악대의 흥겨운 꽹과리 소리에 어깨춤이 절로 났다.

    흥겹게 퍼레이드를 따라가며 촬영하다 보니 예행 연습할 때는 그렇게 길게 느껴졌던 거리가 굉장히 짧게 느껴졌다. 결국 선배들의 걱정과는 달리 나는 '초자'였지만 무난히 라이브 방송을 마쳤다. 심 대표님께 라이브 방송을 배운 지 1년 6개월 정도 되었는데 이렇게 큰 행사에서 하는 라이브 방송은 처음이었다.

    사실 나는 시골에서 20년을 넘게 살았다. 그곳에서도 고추 축제, 인삼 축제, 복숭아 축제 등 다양한 축제가 열렸다. 아들이 어렸을 때는 남편과 함께 축제에 가서 물고기 잡는 것도 하고 장난감도 사주고 음식도 먹고 했지만, 아들이 고등학교에 들어가고 남편이 하늘나라를 간 이후부터는 축제에 간 적이 거의 없다. 축제에 나가지 않아도 아는 언니들이 인삼 튀김, 파전 등 먹을 것을 다 갖다주었기 때문에 굳이 축제에 갈 필요도 느끼지 못했다. 그런데 이번 라이브 방송 캐스터 경험은 달랐다. 처음이지만 너무 재미있었고 내가 무엇을 해냈다는 것에 뿌듯했으며 지금, 이 글을 쓰면서도 심장이 두근거리는 것을 느낄 정도로 환상적인 경험이었다.

모든 것은 한 번의 경험에서 시작된다. 블로그도, 유튜브도, 강의도, 문서 작성도 일단 한번 해보는 것이 중요하다. 난 그렇게 경험주의자로 살아오며 지금의 내가 될 수 있었다. 2023년도에 우리의 방송이 좋았는지 2024년도에도 우리 도전 365팀은 제49회 의령 홍의장군 축제 퍼레이드 생방송에 초청되었다. 이때도 나는 라이브 방송 캐스터로 활동했는데 이번에는 선배들이 나를 빼야 한다는 소리를 하지 않았다. 성공한 한 번의 경험이 나를 한 단계 격상시켜 준 것이다. 용기는 두렵지 않은 상태가 아니라 두려움이 올라오는데도 해보는 것이다.

재수 끝에 합격한
'장애인인식개선 강사'

　뉴스를 보니 2025년도 대학수학능력 시험 재수생이 16만여 명이었고 올해는 20만 명 안팎에 이른다고 한다. 재수한다는 것은 당사자에게는 참 쉽지 않은 일이다. 똑같은 공부를 반복하며 그 지루한 책과의 싸움을 견디며 이겨내야 하기 때문이다. 하지만 인생을 통틀어 볼 때는 재수가 결코 나쁜 것만은 아니란 생각이 든다. 재수하면서 겪는 마음의 고통과 하루하루를 스스로 격려하며 이겨나가야 하는 그 경험을 통해 좀 더 단단한 사람이 될 수 있기 때문이다.

　내게도 마음에 남는 재수 경험이 있다. 강사의 꿈을 품고 무료 강연을 이곳저곳에서 할 때 한 단톡방에서 사회복지학을 전공한 비장애인 강사분이 이번에 본인이 '직장 내 장애인인식개선' 강사 자격증을 취득했다고 하면서 나에게 도전해 보기를 권했다. 내가 장애인이니 더 잘할 수 있다는 것이었다. 그 말에 비장애인도 붙었는데 나는 장애인이니 당연히 합격할 것으로 생각하며 2021년 6월 28일 서류 접수를 했다. 며칠 후 통보된 결과는 낙방이었다. 기가 막혔다. '아니 비장애인도 붙었는데 장애인인 내가 왜 낙방이야? 당연히 붙었어야지.' 하는 생각이 들면서 너무 창피해 그 누구에게도 얘기하지 못하고 지냈다.

그러던 어느 날 심 대표님이 '직장 내 장애인인식개선 강사' 자격증을 취득해 보라고 했다. 기업이나 단체에서 법정 의무 교육으로 해야 하니 따놓으면 유용하다는 것이었다. 한 번 떨어진 상태라 자신이 없는데 심 대표님은 볼 때마다 자격증을 취득하라고 했다. 할 수 없이 2023년 5월 10일 한국장애인고용공단에서 주최하는 직장 내 장애인인식개선 사이트로 들어가 전문강사 양성 과정 교육 신청을 클릭했다. 들어가 보니 전반부 모집이 2023년 1월 25일 이미 시작되어 2023년 6월 22일로 끝나는 일정이었다. 후반부 모집에 지원해야 했다. 후반부 서류 접수는 2023년 6월 28일부터 시작되었다.

첫 번째 관문은 서류 접수였다. 한 번 떨어진 경험이 있으니, 이번에는 심사숙고해서 서류 준비를 했다. 준비 서류는 강의 활동 계획서, 추천서, 자격증, 졸업증명서, 장애인증, 화상 학습 동의서 등이었다. 정말 정성스럽게 하나하나 준비를 했다. 서류를 준비하고 2차 시험 날짜를 보니 전라도 광주 2023.9.4.~2023.9.7., 강원도 원주 2023.10.16.~2023.10.19., 경기도 성남 2023.11.06.~2023.11.09. 이렇게 3곳이 나와 있었다. 전라도 광주는 천안에서 너무 멀었고, 경기도 성남은 1차 서류 시험에 합격하고 11월까지 기다리다 보면 지칠 것 같아 강원도 원주로 접수했다. 접수할 때 보니 생각보다 많은 사람이 몰려 40명 뽑는데 경쟁률이 4:1을 넘어섰다. 초조한 마음으로 발표를 기다렸다.

2023년 8월 17일 목요일 오후 6시쯤 한국장애인고용공단으로부터 전문강사 선정 결과를 마이페이지에서 확인하라는 문자를 받았다. 혹시 또 떨어졌으면 어떻게 하나, 하는 불안한 마음으로 조심스럽게 사이트로 들어가 마이페이지를 열었다. 앗! '이수'라는 두 글자가 보였다. 합격이었다. "휴!"하고 안도의 한숨이 절로 나왔다.

두 번째 관문은 필기시험이었다. 2023년 10월 16일부터 3일 동안 오전 10시에서 오후 6시까지 줌으로 강의를 듣고 시험을 보는 것이었다. 하필이면 이때 우리 극장 건물이 리모델링 공사를 해서 인터넷이 1분 간격으로 끊겼다. 수강 기록이 잘못되면 실격을 할 수 있어서 전전긍긍하며 강의를 들었다. 다행히 온라인 강의를 잘 듣고 19일 새벽 4시에 강원도 원주로 시험을 보러 갔다. 시험 장소에 도착하니 9시쯤 되었고 벌써 몇몇 분들이 와서 공부하고 있었다. 책상에 수험생 이름이 적혀 있어 내 자리에 가서 앉았다. 10시부터 수업을 듣다가 오후 4시에 필기시험을 보는 것이었다.

    수업을 들으면서도 이따 볼 시험 생각에 강사들의 말이 전혀 귀에 들어오지 않았다. 시간이 흘러 오후 4시에 시험이 시작되었다. 2번 문제부터 막혔다. 주관식으로 장애인 차별금지법 중 정당한 편의 제공에 관한 문제로 다섯 글자로 답을 쓰는 것이었다. 일단 그 문제는 넘기고 나머지 문제에 대한 답을 썼다.

    문제를 다 풀고 다시 2번 문제를 보며 아무리 생각해 보아도 다섯 글자가 생각이 나지 않아 그냥 제출하였다. 그런데 감독관이 답안지를 보더니 답을 안 쓴 문제에 답을 쓰라고 했다. 할 수 없이 말도 안 되는 '베리어 프리'라고 썼다. 쓰고 나와 차를 타고 오면서 생각해 보니 '정당한 편의'라고 쓰면 되는데 그 말이 생각나지 않았다. 기분이 별로 좋지 않았지만 이미 기차는 떠났기에 쓴웃음을 지으며 돌아왔다.

    다음 날. 10월 20일 오후 5시경 한국장애인고용공단으로부터 마이페이지를 확인하라는 문자가 왔다. 심장이 뛰기 시작했다. 엉뚱한 답을 쓴 2번 문제가 다시 떠오르며 떨어졌으면 어떡하지 하는 걱정이 앞섰다. 떨리는 손을 추스르며 마우스로 마이페이지를 열었다. 이게 웬일인가! '이수'라는 두 글자가 선명하게 보였다.

'오! 하나님 감사합니다. 합격이네요.'

　세 번째 관문은 가장 중요하고 어려운 실기 평가였다. '장애인 고용의 가치와 의미', '장애인 고용 촉진 및 고용안정을 위한 법과 제도' 그리고 '직장 내 장애인의 인권, 고용상 장애 차별 금지 및 정당한 편의 제공' 이 3가지 주제 중 하나를 선택해서 10분의 강연 영상을 찍고 PPT 강연안과 함께 보내는 것이었다. 어떤 주제로 영상을 찍을까 고민하다 '장애인 고용 촉진 및 고용안정을 위한 법과 제도'에 대한 영상을 찍기로 했다. 강연을 듣는 청중들에게 장애인 고용에 관한 기본적인 법과 제도를 알려주는 것이 중요하겠다는 생각이 들었다.

　근무 시간에는 일을 해야 했기에 3일 동안 새벽 6시에 나와 강연 영상을 촬영하였다. 한 번에 될 수는 없는 일이라 수도 없이 반복하며 그중 가장 괜찮은 영상을 골라 강연안과 함께 발송했다. 드디어 11월 6일 6시 마이페이지를 확인하라는 문자를 받았다. 떨리는 마음으로 열어보니 합격이었다. 장작 6개월의 여정이 합격으로 마무리된 것이다. 뛸 듯이 기뻐 소리를 질렀다. 이제 '장애인인식개선' 교육을 의무적으로 받아야 하는 곳에서 의뢰만 오면 당당하게 강연할 수 있게 되었다.

제일 처음 들어온 강의는 유치원 교사들을 대상으로 하는 것이었다. 이미 4년 정도 동기부여 강의를 해봐서인지 별로 떨리지 않았다. 법정 의무 교육이라 딱딱하게 여기기 쉽지만, 나는 청중들과 자연스럽게 대화하며 재미있게 진행했다. 교사들도 장애인인 내가 직접 나의 경험담도 섞어가며 장애인인식개선 강연을 하니 몰입해서 들었다.

두 번째 강의는 고등학교에서 들어왔다. 고등학생 대상은 처음이라 약간 어색했지만, 아들을 생각하며 아이들 눈높이에 맞추어 잘 이해되도록 전달했다. 학생들도 비교적 강연에 집중하며 경청해 주었다.

세 번째는 기업에서 들어왔는데 온라인이었다. 다행히 온라인 강의도 코로나 때 여러 번 해보았기 때문에 무난히 할 수 있었다. 다음은 대학교에서 강의가 들어왔다. 대학생들도 처음이었지만 이론만 교육하는 것이 아니라 나의 스토리를 진솔하게 들려주면서 강연하니 그들도 잘 들어주었다. 강의가 소문이 났는지 이후에 다른 대학에서도 강연 요청이 왔다. 뿌듯한 마음이 들었다.

대학에서 강연할 때는 강당이 TV 공개 홀처럼 좋은 곳도 있었다. 그런 곳에서 100명 정도의 학생들 앞에서 강의하니, 마치 내가 김창옥 강사가 된 것 같은 느낌이 들었다. 김창옥 강사의 강연을 들으며 위로받고 힘을 얻었었는데 내가 그런 자리에 서니 마음이 뜨거워졌다.

어느 날에는 유치원 아이들과 교사를 같이 강의해 달라는 요청이 들어왔다. 이때는 좀 당황스러웠다. 아이 키운 지도 오래되었고 주로 성인 대상 강의를 했기 때문에 어린아이들에게 어떻게 장애인식 교육을 해야 할지 막막했기 때문이다. 그러다 보니 바로 하겠다고 답을 할 수 없었다. 잠깐 생각을 했다. 거절하면 기회는 다시 오지 않을 것 같아 일단 하겠다고 하고 시간이 있으니, 준비를 해보기로 했다. 방법을 찾다 유치원 쪽에 계시는 분들에게 조언을 구했는데 별 뾰족한 방법을 찾지 못했다.

그러다 유튜브를 찾아보면서 힌트를 얻을 수 있었다. 요즘은 동영상 시대고 요즘 아이들은 스마트 폰과 함께 자라난 아이들이기 때문에 짧은 장애 관련 영상을 보여주면 좋겠다는 생각이 들었다. 심 대표님께 영상을 찍고 편집하는 방법을 배웠기 때문에 영상 편집은 쉽게 할 수 있었다. 아이들이 쉽게 이해하면서 재밌게 볼 수 있는 장애 관련 영상 몇 개와 장애 관련 PPT를 준비해 갔다.

성인이 아닌 아이들이라 다소 긴장하고 들어갔는데 3살에서 7살의 예쁜 아이들이 나를 반겨주었다. 순간 손주 같은 마음이 들면서 너무 예뻐 보였다. 아이들에게 "선생님처럼 장애가 있는 사람을 어떻게 부를까요?" 하고 질문하니 6살 정도 되어 보이는 아이가 "장애인이요" 하는 것이다. 아이들이 참 똑똑하다는 생각이 들었다.

휠체어 이용 장애인 동영상을 보여주면서 "이런 분들은 계단과 경사로 중 어디로 이동할 수 있을까요?" 하니, "경사로요." 하며 예쁜 아이들이 대답을 잘도 했다. 한편, 3살에서 4살 아이들은 누나와 형들이 대답하는 동안 내게 기어 와서 나의 짱구 양말을 만지며 나를 신기하게 쳐다보기도 했다. 참 재미있는 시간이었다. 이렇게 한 유치원에서 강의하고 나니 다른 유치원에서 또 강의 요청이 들어왔다. 그래도 내 강의가 유익했나보다.

재수 끝에 합격한 '장애인인식개선 강사'를 하며 나는 사람들에게 장애인에 대한 긍정적인 인식을 심어주는 사명을 기쁘게 감당하고 있다.

재수생들이어, 절대로 쫄지 말고, 당당하고 자신 있게 시험을 보라! 재수해서 시작하는만큼 더 단단한 사람이 되어서 많은 사람들에게 희망과 용기를 주는 멋진 사명자, 멋진 리더가 될 것이다.

3

부모의 한마디가 자녀의 인생을 바꾼다

넌 가치 있는 사람이야.

네가 꿈꾸는 대로, 천천히, 그렇게 나아가면 돼.

인생을 새롭게 보게 해준
아들의 출생

결혼하고 첫해에 아이가 생겼다. 그러나 아이는 오래 머물지 않았다. 의사가 뭐라고 말했던가. 자궁이 약하단다. 그러고 보니 내 몸은 어디 하나 건강하다고 할 만한 데가 없었던 것 같다. 마음도 마찬가지였다.

아이 하나 품지 못한 채 두 해가 지났다. 남편의 친구들과 그 아내들을 만나는 자리는 점점 불편해졌다. 초등학교에 다니는 아이 얘기며, 바이엘을 치는 손가락 소리, 돌 지난 아이가 엄마를 불렀다는 이야기들이 찰랑찰랑 넘쳐나는 자리에서 나는 묵묵히 컵을 들어 올렸다가 놓기만 했다.

남편은 아이 없어도 우리 둘만 잘 살면 된다고 했지만, 그 말은 어디까지나 남편의 입장이었다. 엄마는 그러지 않았다. 들판에서 난 것들을 다 끌어다가 달여 먹이셨다. 구절초며 사철쑥이며, 대추와 감초를 솥에 넣고는 수증기 속에서 쪼그려 앉아 나를 위해 땀을 흘리셨다. 내가 아니라, 엄마의 마음이 아이를 품게 한 것 같았다.

셋째 해, 다시 아이가 찾아왔다. 기뻤다기보다, 겁이 났다. 이번엔 붙어 있을 수 있을까. 하루하루가 불안이었다. 출근길엔 괜찮다가도, 물리치료실 바닥을 왔다갔다하며 환자들을 챙기면 저녁엔 피처럼 무거운 고요가 몸을 타고 흘렀다. 그 와중에도 뱃속의 아이는 조용했다. 내가 집에 돌아와 조용히 누우면, 그제야 조금씩 움직이며 여기 있다고 알려왔다. 그러면 나도 아이에게 그래, 여기 있구나 하고 마음속으로 중얼거리곤 했다.

입덧은 없었다. 고기도 잘 먹었고, 복숭아도 두 개씩은 너끈히 먹었다. 비린 걸 못 먹는 내가 아귀찜을 맛있게 먹던 건 지금도 믿기지 않는다. 그 시절, 나는 내가 아닌 어떤 다른 몸을 잠시 빌려 입고 사는 것 같았다. 몸무게는 늘었고, 일 마치고 나면 산부인과는 문을 닫는 시간이었다. 그러다 보니 몇 달 만에 병원을 가고는 했는데, 하루는 의사가 먼저 온 환자 가족과 말다툼을 하고 있었다. 그들과의 대화가 끝나고 내 차례가 되어 진료실에 들어갔다.

의사는 내게 화를 냈다. 아이가 잘못되면 어쩔 거냐고 했다. 내가 잘못한 걸까. 다른 환자 가족과 싸우고 난 화풀이를 나한테 한다는 생각이 들었다. 병원 문을 나오며 억울한 마음에 눈물이 나왔다. 그리고 정말 아이가 잘 못 되면 어떻게 하지라는 불안감이 몰려왔다.

그날 밤, 11시쯤 뭔가 묵직하게 빠져나가는 느낌이 있었다. 남편에게 이야기해 급하게 병원을 찾았다. 허리가 끊어질 듯 아팠고, 걷는 것도, 눕는 것도, 다 고통스러웠다. 촉진제를 맞아도 아이는 나올 생각이 없었다. 그렇게 밤을 넘기고, 결국 아이는 아침 7시에, 수술로 세상에 나왔다. 나는 울지 않았다. 대신, 아이가 울었다. 그 울음소리에 묘하게 안정이 되었다.

병실에 누워 있는데, 친정엄마가 왔다. 엄마는 기뻐서 아버지에게 손자를 낳았다고 전화했다. 아버지는 "나는 아들을 못 낳았는데, 우리 딸이 아들을 낳았구나." 하시며 좋아하셨다. 조금 뒤 시댁 식구들도 왔다. 아기의 배냇저고리를 뒤집어 보더니, 남편의 누나는 '열 손가락이야!' 라고 외쳤다. 그 말을 듣고 나는 처음으로 깨달았다. 내가 다섯 손가락인 것이, 시댁 식구들에게 얼마나 큰 걱정거리였을지를. 그래서 아들이 더 고마웠다.

아들은 머리숱이 많았다. 아버님은 웃으며 말씀하셨다.
'이 녀석, 이발부터 해줘야겠네.'

그 순간 나는, 내가 어른이 되었다는 것을 알았다. 아이를 낳은 것만으로 다가 아니라, 그 아이를 향한 모든 눈길과 마음을 맞이할 수 있게 된 지금, 나는 비로소 '누군가의 어머니'가 되었다.

그러나 다시 아이를 갖지는 못했다. 다시 병원 문턱에 서지 못했다. 내 몸이, 아니 어쩌면 내 마음이 그곳을 다시는 받아들이지 못했던 것 같다. 지금도 산부인과 생각만 하면 등줄기가 서늘해진다. 하지만 그 아이, 내 아들은 그 무섭고 두려운 기억을 딛고도 나를 가장 크게 바꿔놓은, 단 하나의 기적이었다.

아이를 키우며 나는 처음으로 '나'의 뿌리를 돌아보게 되었다. 아이를 안고 나니, 엄마가 나를 키울 때 느꼈을 그 인내와 노동의 무게를 실감하게 되었다. 사랑이란 건 말로 하는 것이 아니라 매일의 밥 짓기와 기저귀 갈기 속에 녹아드는 것이었다. 또, 나는 처음으로 시간이라는 것을 제대로 살게 되었다. 아침이 와도 내 맘대로 되지 않고, 밤이 와도 맘대로 쉴 수 없었다. 시간을 살아낸다는 건, 흘려보내는 것이 아니라 함께 흘러가는 것이란 걸 그제야 알았다. 그리고 마지막으로, 나는 나 자신을 조금 더 믿게 되었다. 겁 많고 소심하던 내가, 작은 생명을 품고 낳고 길러낸 것이다. 그 한 가지 사실만으로도 나는 내 인생을 다르게 말할 수 있게 되었다. 이전엔 한 번도 느껴보지 못한 삶에 대한 '존엄'이, 그 아이를 통해 내게 찾아온 것이다.

엄마를 감동시킨
아들의 양말 마술

아들을 낳고 채 보름이 조금 지나 나는 다시 일터로 나갔다. 젖 냄새도 채 가시지 않은 아이를 친정엄마께 맡기고 나서는 길은, 마치 나뭇잎 하나를 바람 부는 들판에 두고 떠나는 것처럼 마음이 허전했다. 낮에는 몸을 바쁘게 움직이면 그 그리움이 덜하지만, 저녁이면 어김없이 꼬물거릴 아이 생각에 눈물이 났다. 그 울음은 소리 없는 슬픔이라기보다는, 목구멍에 걸린 돌덩이 같았다. 토요일이 다가오면 그 돌덩이는 설렘으로 바뀌었다. 일이 끝나는 오후 다섯 시, 발에 날개라도 단 듯 달려 친정으로 갔다. 아이와 재회하는 그 순간만을 생각하면서 말이다.

그렇게 설레는 마음으로 집에 도착해 예쁜 아들과 놀다 잠잘 때가 되면, 친정엄마와 나 사이에 아들을 재웠다. 너무 신기했던 것은 아침에 깨어보면 10개월을 내 뱃속에서 나와 함께 지내서 그런 것인지 아들은 내 품속에 안겨 새근새근 자고 있었고 그 모습을 보면서 내가 정말 엄마가 된 것 같아 뿌듯했고 행복했다.

아들은 11개월쯤에 걸음마를 시작했다. 일요일이면 다시 일을 위해 집을 떠나야 하는 나를 보며 울며 쫓아왔다. 그 모습에 마음이 흔들려 나는 아이의 손을 잡고 동네 오락기 앞에 섰다. 오락기의 반짝이는 불빛 속에서 버튼을 누르며 즐거워하는 아이를 보며 잠시나마 이별의 아픔을 덜 수 있었다. 어느 순간 아이가 게임에 빠지면, 나는 살짝 물러나 친정엄마를 그 자리에 앉히고는 발걸음을 옮기곤 했다. 그런 내 모습이 참 야속했지만, 아이를 지켜줄 수 있는 누군가가 있다는 안도감도 함께였다.

식탁에 차려진 반찬 중에서도 유독 아이가 무나물을 집어 먹으며 "맛없어." 하고 중얼거릴 때는 웃음이 나왔다. 그건 분명 맛이 없어서가 아니라, 그 말을 따라 하고 싶어서였을 것이다. 친정아버지가 늘 하시던 말, "맛없다." 그러시면서도 끝까지 다 드시는 그 특유의 방식. 아이는 친정엄마의 요리 솜씨를 인정하면서도, 동시에 친정아버지의 말투와 버릇을 그대로 흉내 내곤 했다. 친정 부모님이 아이를 키워서 그런지, 아이는 자상한 남편보다 무뚝뚝한 친정아버지의 말투를 더 많이 닮았다.

아이의 언어와 태도는 그렇게 가족 안에서 자라났고, 자라난 대로 반영되었다. 어느 해 친정아버지 생신 때, 온 가족이 모였다. 어려운 시절을 함께 보낸 삼촌, 사촌 동생, 조카들까지 모두 한자리에 모여 웃고 떠들던 시간. 이모네 가족이 조금 늦었고, 식사 후 다시 외식하자는 말이 오갔다. 그런데 친정아버지가, "한 번 먹었으면 끝이지 뭘 또 먹어." 하시며 외출을 거부하셨다.

분위기는 싸해졌고, 이모부도 머쓱해하던 그때, 아들이 옆에 앉더니 친정아버지와 똑같은 말투로 "나도 한 번 먹으면 끝이야." 하는 것이다. 나는 순간 너무 당황했고 이모네 식구들에게 미안해 아들에게 꿀밤이라도 먹이고 싶었다. 그때 그런 나의 마음을 알아챘는지, 재치 만점의 남편이 웃으며 아버지와 아들을 구슬려 모두 함께 저녁을 먹으러 나갈 수 있었다. 아이는 그렇게 말도, 행동도, 감정도 흡수하는 존재였다. 마치 말랑말랑한 스펀지 같아서, 무엇이든 받아들이고 또 자기 것으로 만들어버렸다.

하지만, 이 모든 기억 중에서도 나를 가장 깊이 감동하게 한순간은 따로 있었다. 하루는 아들과 마루에서 시간을 보내고 있었다. 아이는 그날따라 양말을 들고 이리저리 움직이다, 갑자기 두 손으로 양말을 쑥 신었다. 그 단순한 동작 하나가 내겐 작은 기적처럼 다가왔다. 나는 태어날 때부터 왼손이 없었다. 그래서 양말을 신는 일조차도 지그재그로, 고개를 숙여 오른손 하나로 차근차근 신었다. 양말 한 짝을 신는 데에도 시간이 필요했고, 조심스러움이 필요했다. 그런데 우리 아들은 두 손으로 양말을 '척!' 하고 신었다. 너무나 당연하고도 자연스럽게.

순간 나는 시간이 멈춘 듯했다. 양말을 신는 그 짧은 찰나에 내 인생의 수많은 조각이 스쳐 지나갔다. 나는 아들을 조용히 작은 방으로 데려갔다. 혹시 엄마가 보면 아이를 괴롭힌다고 생각할까 싶어서였다. 양말 한 짝을 벗겨 들려주며 말했다.

"승현아, 다시 한번 해봐."

아이는 고개를 갸웃하면서도 양말을 양손으로 들고 다시 신었다. 그 모습을 몇 번이나 반복하게 했다. 아이는 지루해하지도, 울지도 않았다. 그냥 묵묵히 엄마의 말에 따라줬다. 나는 그 모습에서 세상을 봤다. 내가 할 수 없었던 것들을 아무렇지 않게 해내는 그 작은 손동작에서, 나는 삶의 복잡한 퍼즐이 하나로 맞춰지는 듯한 희열을 느꼈다.

그때 나는 내 아들이 있다는 것이, 단지 나의 후손이라는 것만이 아니라 나의 부족함을 메우는 존재라는 것을 알았다. 내가 하지 못했던 것을 해주는, 내가 감히 상상조차 하지 못했던 장면을 현실로 보여주는 사람. 아들을 통해 나는 세상을 새롭게 보기 시작했다. 내 몸의 결핍이, 내 마음의 무늬가, 그 아이의 존재로 인해 다시 새겨지고 채워졌다.

만약 내가 혼자 아이를 키웠다면, 그 양말 신는 법조차도 나처럼 한 손으로, 지그재그로 배웠을 것이다. 그러나 남편과 부모님, 그리고 가족이라는 테두리 안에서 아이는 더 넓은 세계를 배웠고, 그 덕분에 나는 내 삶의 경계를 다시 그릴 수 있었다.

그날 이후로도 양말을 신는 아이의 모습을 자주 떠올렸다. 언젠가 아이가 조금 더 자란 후, 그 이야기를 꺼냈더니 아이는 웃으며 말했다.

"엄마, 지금도 양말 신는 거 해드릴 수 있어요."

나는 농담처럼 대답했다.
"지금은 해도 안 예쁘거든. 손주 나면 한번 보여줘."

그러자 아이가 대답했다.
"그건 아동 학대예요, 엄마."

그래도 나는 그날이 오면 몰래 해볼 생각이다. 나의 작은 마법사, 양말을 신겨준 그 손길이 또 한 번 내 마음을 감동하게 해줄 날을 기다리면서.

장독대 위의 엄마와
가방 들어주는 아이

주말에만 아들을 볼 수 있었다. 아들이 유치원에 다니는 동안, 나는 한번도 그 등원 길을 함께하지 못했다. 평일이면 늘 바빴고, 아니, 바쁜 척이라도 해야 마음이 덜 무거웠다. 그러다 직장을 옮기며 평일 이틀의 시간이 생겼다.

처음으로, 아들이 유치원에 가는 모습을 볼 수 있었다. 하지만 나는 쉽게 현관문을 열 수 없었다. 장애인인 나를 보고 다른 엄마들이 수군거릴까 봐, 혹여나 아이에게 피해가 될까 봐, 문을 여는 손이 자꾸만 망설여졌다. 나로 인해 아이가 상처받는 일이 없도록 하고 싶었다. 그래서 골똘히 생각하다 장독대 위로 올라가 보기로 했다. 몰래라도 보고 싶었다. 아들이 유치원에 가는 그 짧은 여정을.

아침, 엄마가 아들을 품에 안고 골목길을 걷는다. 골목길 끝에는 이미 몇몇 엄마들이 유치원 차를 기다리며 서 있다. 그 틈으로 우리 엄마가 지나며 인사를 나눈다. 이윽고 유치원 차가 도착하고, 선생님이 내려 환하게 웃는다. 엄마는 아들을 조심스레 선생님 품에 안긴다.

그 순간, 아이는 장독대 위에 조용히 앉아 있는 나를 발견했다. 손가락으로 하늘을 찌르듯 나를 가리키며 "엄마, 엄마-." 하는 듯했다.

하지만 선생님은 네 살짜리 발음을 제대로 듣지 못했는지 "승현아 가자." 하고 아이를 데리고 버스에 오른다. 아들은 끝까지 나를 향해 손을 뻗고 있었다. 내가 안 보일 때까지, 작은 손이 나를 붙잡고 있었다.

그날 나는 장독대 위에서 엉엉 울었다. 말없이 흘리는 눈물말고, 숨이 넘어갈 듯이 터져 나오는 울음이었다. 지금도 그 장면을 떠올리면, 여전히 눈물이 난다. 사람들은 그런 눈물을 '슬픔'이라고만 하겠지만, 나는 그게 '사랑'이라고 믿는다.

아이는 고집이 있다. 남편보다는 나를 닮았다. 에버랜드에 갔을 때, 동물 옷을 입은 인형들은 무서워하면서도, 분수만 보면 돌아가려 하지 않았다. "엄마는 먼저 간다." 해도 "응." 하곤 혼자 남아 분수 앞에서 눈을 반짝이며 놀았다.

결국 내가 안아 차에 태우면, 그제야 품에 안겨 꿈나라로 향했다. 그 모습을 본 친정엄마는 "너랑 똑같다." 했다.

나는 웃었고, 가슴 한쪽은 아렸다.

'아이는 나를 닮았구나, 어쩌면 닮아도 너무 닮았구나.'

나는 의료기기 매장을 하며 살았다. 대한민국 어디든 갈 수 있다고 자부했지만, 단 한 곳만은 늘 자신 없었다. 아들의 학교. 내가 가면 아이가 놀림을 받지 않을까, 친구들과 멀어지지 않을까. 그런 걱정이 나를 뒤로 물러서게 만들었다.

이건 나만의 문제가 아니었다. 어느 날 블로그에서 만난 한 엄마도 그랬다. 휠체어를 타는 그녀는 운동회도, 소풍도 아이와 함께하지 못했다. 장애 엄마들은 아이에게서 한 발짝 물러나야만 한다. 사랑하지만, 사랑하기에 더 멀리서 지켜봐야 한다. 그것이 우리의 방식이었다.

아들이 초등학교 1학년이던 어느 날, 엄마가 책 한 권을 내민다. 『가방 들어주는 아이』라는 장애 관련 동화책이었다.

"이게 뭐야?"
"승현이가 학교에서 가져왔어."

나는 순간 멈췄다. 왜 이 책을? 무슨 일이 있었던 걸까?

비 오는 날의 조회 시간이었다. 여자 짝꿍은 우산을 들고 신발주머니를 들고, 어쩔 줄 몰라하고 있었다. 그때 우리 아들이 그 아이의 신발주머니를 대신 들어주며 "우산만 잘 써." 했단다. 그 모습을 본 선생님들과 부모들이 "저 아이 매너 있네" 하며 칭찬했다.

그날 이후, 아들은 짝꿍과 친구가 되었다. 짝꿍의 이름은 소연이었다. 소연이 엄마는 우리 아들을 집에 초대하기도 했다. 어느 날, 우리 가족이 함께 시장에 간 모습을 소연이 엄마가 우연히 보았다. 그리고 나와 남편이 장애인이라는 것을 알게 되었다.

그러고는 그 책을 선물한 것이다. 아이는 그저 자신이 좋아하는 여자 친구의 엄마가 책을 사주니 좋았다.

"할머니, 소연이 엄마가 책 사줬어!"

웃으며 집으로 달려오는 아이의 모습이 눈부셨다. 하지만 나는, 문득 생각했다. 우리가 장애인이 아니었다면, 우리 아들이 이 책을 손에 들고 집으로 오게 되었을까.

그 물음은 내 안 깊숙한 곳을 찔렀다. 그렇다고 후회는 하지 않는다. 슬픔은 여전히 있지만, 사랑도 여전히 있다.

아이를 키우며 배운 가장 큰 진리는 이것이다. 세상이 날 받아주지 않아도, 나는 아이의 세상에서 가장 따뜻한 엄마라는 것. 그 믿음 하나로 오늘도 나는 장독대 위에서, 그보다 조금 더 가까운 자리에서 아이를 바라본다.

네 자신의 삶을
선택할 수 있어

　아들이 초등학교 3학년이 되던 해였다. 아직은 어린아이지만, 또래문화라는 게 슬그머니 고개를 들기 시작할 무렵이었다. 친구끼리 모이면 전날 본 드라마 이야기를 하거나 인기 만화책을 놓고 한바탕 웃고 떠드는 그런 시기. 그즈음 유행하던 드라마는 '쾌걸 춘향'이었고, 아들도 그 세계에 들어가고 싶어 안달이 난 눈치였다. 하지만 남편은 단호했다.

　"학생이 무슨 드라마야, 공부해야지."

　남편의 말은 틀리지 않았다. 정론이었다. 하지만 나는 아들의 눈빛을 외면할 수 없었다.

친정아버지는 무척 엄격한 분이셨다. 그런 아버지가 "학생이 무슨 드라마야." 하셨다면, 나는 방으로 들어가 이불을 뒤집어쓴 채 엉엉 울다 잠이 들었을 것이다. 그때의 나처럼 아들도 그런 마음이 아닐까 싶어, 나는 조용히 텔레비전 볼륨을 줄이고 아들과 함께 드라마를 보았다. '이 아이가 지금 원하는 것은 드라마가 아니라 친구들과의 소속감이구나. 이 아이도 나처럼 자기가 무엇을 잘하는지, 무엇을 좋아하는지 찾아가고 있구나.' 싶었다.

나는 아들에게서 성적보다 중요한 것이 있다고 믿었다. 어떤 음악을 좋아하는지, 어떤 친구와 어울리는지, 무엇을 하며 웃고 노는지, 그런 것들이 아이의 자아를 만드는 뿌리가 아닐까 싶었다. 아들이 지훈이와 춤을 췄다고 하면, 나도 함께 그 음악을 들으며 어설프게 따라 추었고 함께 웃고 즐겼다. 그것이 나에게는 교육이었고, 사랑이었다.

하지만 그런 내가 남편 눈엔 철없는 아내처럼 보였을지도 모른다. 남편은 38살에 어렵게 아들을 얻었다. 친구들의 아이들은 이미 대학생이었고, 모임에 나가면 "우리 애는 연세대를 갔네, 서강대를 갔네."라는 말을 듣고 오곤 했다. 그런 말을 남편에게 전달했더니, 남편은 언젠가 내게 "엄마가 아들을 망친다." 한 적이 있다. 그날 밤, 나는 깊은 생각에 잠겼다.

'나는 정말 나쁜 엄마일까? 내가 이 아이를 망치고 있는 걸까?'

그때 떠오른 건 예전에, 물리치료실에 다니던 어느 어머니의 말이었다. 군대에서 제대한 아들이 "엄마, 저 이제 뭘 해야 하죠?" 했단다. 그 순간, 세상이 멈춘 것 같았다고 했다. 나는 그 이야기를 들으며 결심했다. 내 아들은 어려서부터 스스로 선택하고 스스로 책임지는 사람이 되었으면 좋겠다고.

그래서 나는 아들을 하나의 '객체'로 대하기 시작했다. 학습지를 시작한 것도 아들이 네 살 무렵이었다. 내가 먼저 풀어보고 아들과 함께 풀었다. 모르는 문제엔 별표를 하고, 선생님이 오면 묻도록 했다. 중학교 1학년이 되면서 아들은 과외하고 싶다고 했다. 나는 기꺼이 허락했다.

중3이 되었을 무렵, 우리 아파트에 서울대, 고려대를 나왔다고 하는 과외 선생님의 포스터가 붙었다. '혹시 이 선생님이 가르치면 우리 아들도 고대를 갈 수 있지 않을까?' 하는 마음으로 수업을 받게 했다. 하지만 선생님의 말씀은 차가웠다. "이 아이는 기본도 안 되어 있네요." 걱정스러운 눈빛에, 나는 불안해졌다. 역시 한 달도 채 못 가 아들은 그만두고 싶다고 했다.

이후 충북대 영문학과를 나온 선생님께 다시 과외를 시작했다.

그 선생님은 첫 만남 후 이렇게 말했다.
"어머니, 승현이는 기본기가 탄탄하고 발음도 좋습니다. 열심히 하면 영문학과도 가능할 것 같아요."

두 선생님의 평가는 정반대였다. 나는 그때 깨달았다.
'무엇을 가르치는가보다, 어떻게 바라보는가가 훨씬 중요하구나.'

그때부터 나는, 우리 아들에게 가장 필요한 건 칭찬과 자신감이라는 것을 믿게 되었다. 물론 아이가 원하면 학원도 보내고 과외도 시켰다. 선택은 아들의 몫이었다. 인생은 선택의 연속이고, 선택은 성공할 수도, 실패할 수도 있다. 하지만 자기 손으로 내린 결정은 결과가 어떻든 배움이 된다. 그것을 나는 아들에게 가르치고 싶었다.

고등학생이 되던 해, 영화 본 이야기를 하며 질문했다. 그 영화는 프랑스 영화로 생활 능력이 별로 없는 한 남자가 어느 날 아이 하나를 떠안게 된다. 돈이 없으니, 쓰레기통을 뒤져 자신도 먹고, 아이도 먹인다.

아들에게 "결혼해서 아이를 낳았는데 돈이 하나도 없는데 아이가 배고프다고 울면 어떻게 할 것이냐"는 질문을 했다. 아들이 말하기를 "엄마한테 데리고 가면 되지." 그렇게 대답하는 것이다. 그래서 나는 "내 자식이니까, 너는 밥을 먹여도 네 자식하고 부인은 절대 안 먹일 것"이라고 단호하게 대답했다. 아들은 잠시 고민하더니 "그럼 친구한테 돈을 빌리면 되지." 한다.

나는 말해주었다. "돈이 사람을 속이는 것이지, 사람이 속이는 것이 아니야. 돈을 빌릴 땐 신중해야 해."

그러자 아들은 말했다. "나가서 막노동해서라도 먹일 거야." 그 말에 나는 "그 정신으로 살아." 하고 등을 두드려 주었다. 아직 서툴지만 제법 의젓한 아들의 말에, 마음이 든든해졌다.

아들은 대학 2학년이 끝나자, 군대에 갔다. 전방 자원입대였다. 군대는 어차피 가야 할 길이라면, 빨리 다녀오고 싶다고 했다. 제대 후, 송도에 있는 회사에 취직하게 되었다. 자취방을 알아봐야 했고, 내가 같이 갈까? 하니, "괜찮아, 나 혼자 할 수 있어." 하고 스스로 알아서 방을 구하고 짐을 싸서 나갔다.

지금까지 잘 살아준 아들이, 나는 참 고맙다. 내가 정말 잘 키운 건지는 모르겠다. 하지만 분명한 것은, 나는 그 아이를 사랑했고, 믿었고, 기다렸다. 그것이면 충분하지 않을까. 내가 아들에게 남겨주고 싶은 가장 큰 유산은 다름 아닌 이 한마디다.

"너는 자신의 삶을 선택할 수 있어"

엄마를 감동시킨
고사리같은 손

초등학교 때까지는 친정엄마가 손자 손을 잡고 학교에 다녀오셨다. 종알종알 말 많은 아이를 데리고 동네를 오가던 그 시간은, 햇살보다 고왔고, 나보다 단단했다. 아이가 자라 중학생이 되고 고등학생이 되면서는 나의 차례가 왔다. 진로 상담이 있다며 가정통신문을 내밀면, 나는 늘 조심스럽게 물었다.

"아들, 엄마 내일 학교 가도 될까?"

그러면 아이는 아무렇지도 않다는 듯, 도리어 씩 웃으며 대답했다.

"응."

나는 그 한마디에 힘을 얻었고, 또 부끄러움을 덜었다. 아들은 한 번도 우리 부부가 장애가 있다는 걸 숨기려 하지 않았다. 오히려 다른 아이들처럼 집에 친구들을 데려오는 것을 좋아했다. 학교에서 '학부모 참여 수업' 같은 행사가 있으면 "엄마 이따 봐." 하고 웃으며 인사를 했다. 그 웃음이 날 얼마나 살게 했는지, 아이는 아직 모른다.

한 번은 여자 친구가 있는 줄도 모르고 있다가 우연히 마주친 적이 있다. 아이는 어떤 여자아이와 웃으며 걸어오고 있었고, 나는 혹시 어색할까 봐 못 본 척 고개를 돌렸다. 그 순간, 아들이 큰 소리로 나를 불렀다.

"엄마!"

나는 얼떨결에 "어… 어…" 하며 손을 들어 보였지만, 마음은 이미 분주하게 흔들리고 있었다. 그 며칠 뒤, 아이는 그 여자 친구를 우리 의료기 매장으로 데려왔다.

"엄마, 우리 배고프니까 맛있는 거 사줘."

함께 밥을 먹으며 아이의 여자 친구가 말했다.

"승현이가 '엄마'라고 불렀을 때 어머니가 너무 놀라셔서, 진짜 엄마가 아닌 줄 알았어요."

그 말을 듣고 우리는 모두 웃었다. 아이는 여자 친구 앞에서도 엄마를 숨기지 않았다. 그 단단한 마음을 키워준 게 무엇인지 곰곰이 떠올려 보았다.

고등학교 2학년 어느 날이었다. 늘 늦게 퇴근하던 날, 아이에게 전화가 왔다.

"엄마, 딸기가 먹고 싶어요."

나는 "엄마 오늘 늦어. 승현아 네가 농협 가서 딸기 사서 씻어 먹어." 하고 전화를 끊었다. 밤 11시가 넘어서야 집에 들어가니, 부엌에 딸기가 예쁘게 씻겨 있었다.

"왜 안 먹었어?" 묻자, 아이는 "엄마 오면 같이 먹으려고 이 고사리 같은 손으로 씻어놨어요." 한다.

나는 피식 웃으며 말했다.

"야, 네 손은 고사리 같은 손이 아니라 하마 같은 손이겠지. 나중에 손주가 씻어주면 그게 고사리 같은 손이지."

그러자 아이는
"아들이니까 씻어줬지, 손주는 안 씻어줘."

그렇게 우리는 또 한 번 웃었다.

요즘 가장 큰 사회 문제가 저출산이라지만, 비장애인들도 아이 키우는 게 버겁다고 하는 세상에서, 장애가 있는 내가 아이를 낳아 기른다는 건 거의 용기 이상의 일이었다.
그런데, 나는 이 일을 해냈다. 아니, 혼자 해낸 것이 아니다. 친정 엄마가 있었다. 엄마는 아이가 말을 막 배우던 시절부터 귀에 못이 박히도록 말했다.

"승현아, 엄마 아빠한테 잘해야 돼. 몸이 불편한데도 열심히 일해서 너 키우는 거야. 장애는 절대 부끄러운 게 아니야."

하루도 거르지 않고 반복되는 그 말에 아이는 어느 날 "알았다니까, 할머니!" 하고 버럭버럭하기도 했다. 그래도 엄마는 멈추지 않았다. 그 말들이 아이의 마음속에 씨앗처럼 뿌리내려, 어느새 잎을 틔우고, 줄기를 세우고, 꽃을 피웠다.

장애가 있어서 아이를 낳지 않겠다는 어떤 여성이 내 블로그 글을 보고 "아이를 낳고 싶어졌다"며 댓글을 남긴 적이 있다. 그분이 아이를 낳았는지 아닌지는 알지 못한다. 하지만 나의 이야기가 누군가의 삶에 조용한 변화가 되었다는 사실은 내게 큰 위로이자 선물이 되었다.

요즘은 우리 세대보다 장애에 대한 인식이 조금은 나아지고 있다. 유튜브, 외국 여행, 장애인인식 개선 교육 덕분이다. 또 아이를 낳은 장애 여성에게는 활동보조사 제도가 있어, 6개월에서 길게는 그 이상 도움을 받을 수도 있다.

나는 바란다. 더 많은 장애 여성이 이 제도를 통해 아이를 낳고, 엄마라는 가슴 벅찬 이름으로 불리기를 간절히 간절히 바란다.

어떤 멘토를 만나느냐에 따라 인생이 달라진다

물리치료실에서 일할 때였다. 허리가 아파 꾸준히 오시던 노인 한 분이 대기실에서 어떤 아이를 가리키며 낮게 중얼거렸다.

"호래자식 같으니라고."

처음엔 그것이 무슨 뜻인지 몰랐다. 물어보니 부모 없이 자란 아이를 그렇게 부른다고, 버릇없는 아이에게도 종종 쓰는 말이라고 했다. 그 말이 마음에 꽂혔다. 혹여 우리 아들이 그런 소리를 들을까 봐.

남편을 보내고 오던 날, 장례식장에서 집으로 돌아오는 차 안에서 아들에게 말했다.

"혹시 누가 너한테 호래자식이라고 하거들랑, '저희 아버님 존함은 배자, 기자, 정자입니다.' 해라. 우리 아빠, 참 괜찮은 사람이셨다고 꼭 얘기해."

세상에 뿌리 없는 나무 없고, 부모 없는 자식 없으니, 네 뿌리를 당당하게 말하라고, 나는 그날 가르쳤다.

아들은 그렇게 고등학교를 졸업하고 군대를 다녀왔고, 대학을 나왔다. 문제는 그다음이었다. 친구들은 아버지 회사에 들어가 일자리를 얻었다. 그러나 우리 아들은 졸업 후 1년을 놀았다. 친구들은 바쁘게 직장을 다니는데 혼자서 집에 있으니, 마음이 무척 힘들었을 것이다. 나는 괜히 다단계 같은 곳에 빠질지 걱정이 되었고, 속으로 눈물을 삼키며 말했다.

"승현아, 넌 큰 인물이 될 사람이야. 조급해하지 말고, 네가 좋아하는 걸 하면서 천천히 준비하렴."

아들은 싱긋 웃으며 "알았어, 엄마. 너무 걱정하지 마!" 했다.
그러던 중 내가 '천안인생극장'에 취업하게 되었다. 몇 번 망설이다 심 대표님께 조심스레 여쭈었다.

"대표님, 혹시 제 아들 아르바이트 자리는 없을까요?"

대표님은 어느 날 아들을 불렀고, 함께 대표님 주변 사장님들에게 인사를 시키며 눈도장을 찍게 했다. 그리고 직접 기술들을 하나하나 가르쳐주셨다. 아들은 곧잘 따라 했고, 대표님의 칭찬이 쏟아졌다.

그즈음 H 대표님이 아들의 재능을 눈여겨봤다. 포토샵, 일러스트, 프리미어 툴까지 하나하나 가르쳐 주셨고, 아들은 그 기술들로 사장님들의 업체를 알리는 영상도 만들고, 블로그도 운영했으며, 홈페이지까지 제작했다.

그러다 심 대표님이 제안했다.

"제페토에 천안인생극장을 만들어 보자."

아들은 게임을 하듯 자연스럽게 제페토에 천안인생극장을 만들었고, 그 덕분에 대표님과 나는 그곳에 사람들을 초대하고, 놀며 온라인으로 천안인생극장을 알릴 수 있는 계기가 되었다. 그뿐만 아니라 나는 그곳에서 논 경험을 바탕으로 메타버스 강사가 되었다. 처음에는 "게임만 하더니…" 했던 내가, 결국 아들의 게임 실력 덕을 보게 된 것이다.

　다양한 경험을 차곡차곡 쌓던 아들은 어느 날 심 대표님과 서울 홍릉의 이노폴리스 창업학교 촬영을 하게 된다. 그곳엔 바이오 회사들이 많았고, 마침 아들 전공도 생명화학이었다.

　촬영이 끝난 후, 아들은 자신의 전공을 살려보고 싶었는지 제약회사와 바이오 회사에 이력서를 넣기 시작했고, 자신이 나온 서일대학 4학년 과정에 편입 신청도 했다. 열심히 준비한 결과 성남의 한 바이오 회사에 취업하게 되었고, 대학 4학년에도 진학했다. 그 회사에서 1년을 배우고 대학을 졸업하더니, 대기업 시험에 도전했고 당당히 합격했다. 하늘나라에 간 아빠를 고2에 떠나보낸 아들은 이제 새벽 5시에 스스로 일어나 출근을 하는 단단한 청년으로 자랐다.

　한 번은 강의중 누가 물었다.
　"아버지 없는 부분은 어떻게 하셨어요?"

　나는 말했다.
　"인생을 살다 보면 좋은 멘토를 만나게 됩니다. 그 멘토를 모델링 삼아 살아가면 됩니다."

아들이 그런 멘토들을 만났다고 생각한다. 그리고 앞으로도 더 만날 것이다.

인생이란 기어갈 때도 있고, 걸어갈 때도 있고, 뛰어갈 때도 있다. 나는 기어간다고 다그치기보다는, 기어가는 데는 그만한 이유가 있을 것이라고 믿어주는 엄마가 되고 싶다. 그리고 이렇게 말해주고 싶다.

"넌 가치 있는 사람이야. 네가 꿈꾸는 대로, 천천히, 그렇게 나아가면 돼."

이제 아들은 누가 뭐래도 누구보다 단단한 내 아들이고, 내 인생의 가장 빛나는 기쁨이다.

내 인생 최고의 선물, 아들

살다 보면 잊히는 것도 많지만, 잊히지 않는 것도 있다. 특히 아들이 내게 처음으로 건넨 선물은 오래도록 마음속에 박힌다. 내가 살아온 인생에서 참 많은 걸 받고도, 그걸 받은 줄도 모르고 지나쳤는데, 아들의 선물만은 선명하게 마음속에 남아 있다.

아들이 초등학교 5학년쯤 되었을 때였다. 어느 날 무심결에 "지갑 하나 새로 사야겠다." 했던 것 같다. 그 말이 아들의 귀에 닿았는지, 생일 아침에 "엄마 생일 축하해요." 하며 주홍빛 지갑을 내밀었다. 그 작은 손이 주는 물건 하나에 나는 그저 "어, 고맙다." 하고 말았지만, 속으로는 눈물이 핑 돌았다. 그게 아들이 내게 준 첫 번째 선물이었다. 어떤 생일보다 더 잊히지 않는 날이다. 그 주홍색은 내 마음 깊이 번져, 그 후에도 오래도록 따뜻했다.

두 번째 선물은 아들이 대학생이 되고 나서다. 여주 아울렛에 함께 갔다가 "엄마, 이거 어때?"하고 내민 빈폴의 빨간 장지갑. 그때는 그냥 기특하다 싶어 웃었지만, 그 지갑은 지금도 내 손에 남아 있다. 시간이 지나 닳고 해졌지만, 그 지갑만은 아무리 낡아도 버릴 수 없었다. 그 안엔 돈보다 더 귀한 게 들어 있었으니까. 아들의 마음, 어른이 되어 가는 과정, 그리고 나를 기억하는 마음의 시간표가 들어 있었다.

세 번째 선물은 군대에서 첫 휴가를 나왔을 때였다. 할아버지, 할머니께는 과자를, 내게는 화장품 세트를 사 왔다. 속으로는 뭉클했지만 나는 늘 그렇듯 "아들, 고마워" 그 한마디로 마음을 덮고 말았다. 표현이 짧은 탓이었다. 고맙다, 좋다, 사랑한다, 이런 말들이 내겐 늘 입 밖으로 잘 안 나왔다. 그래서였을까, 그 뒤로는 아들이 내게 뭘 더 사 오진 않았다. 그러나 나는 안다. 그때 아들이 보여준 정성과 마음은 내 생에 남은 몇 안 되는 보석 같은 순간이었다는 걸.

네 번째 선물은 아들이 직장에 들어가고 맞은 첫 설날이다. 봉투에 넣어준 10만 원. 그 돈이 크고 작음을 떠나 아들이 어떤 마음으로 번 돈을 내게 건넸는지를 나는 짐작할 수 있었다. 할아버지, 할머니 몫까지 준비했으니 사실 30만 원이었다. 내게까지 봉투를 내밀 줄은 몰랐다. 그 돈을 벌기 위해 아들이 얼마나 애썼을까 싶어 가슴이 벅차올랐지만,

그날도 역시 '그래, 고맙다' 그 말 한마디면 나는 족했다. 말은 짧았지만, 내 가슴 속에선 파도가 오래오래 출렁이고 있었다.

다섯 번째 선물은 예상하지 못한 날에 찾아왔다. "엄마, 이거 얼마 안 돼. 그냥 써." 하며 건넨 봉투 속엔 만 원짜리 상품권 여섯 장이 들어 있었다. 옆에 있던 친정엄마가 아들이 며칠 전 직장에서 야유회를 다녀왔다는 이야기를 들려주셨다. 아마 그때 받은 상품권을 내게 슬쩍 건넨 것 같았다. 크고 특별한 건 아니었지만, 엄마 생각이 났다는 그 마음 하나가 참으로 고마웠다. 정작 고맙다고 말한 것도 너무 갑작스러워 "어, 고맙다". 그뿐이었다.

여섯 번째 선물은 설을 며칠 앞두고 받았다. 일을 하다가 휴대폰을 열어보니 화장품을 보냈다는 아들의 카톡이 와 있었다. 기쁜 마음에 얼른 주소를 입력했고 며칠 후, 택배 상자를 받았다. 그 안엔 팩도 함께 들어 있었다. 저녁에 집에 들어가 얼굴에 한 장 얹어보았다. 보들보들한 감촉이 얼굴에 퍼지는데 나도 모르게 웃음이 났다.

"아들, 이런 것도 다 챙겨주네."

생각지도 못한 선물은 언제나 마음을 환하게 만든다. 설날 아침에는 또 용돈 10만 원을 내밀었다. 그 손길이 고마워 이번엔 재빨리

"고맙다"는 말을 보냈다. 조금은 나도 달라진 모양이었다. 이렇게 아들이 내게 준 선물은 여섯 가지.

어느 하나 빠짐없이 내 마음에 새겨져 있다. 하지만, 이 모든 것을 뛰어넘는 선물은 바로 아들 그 자체였다. 아들이 고등학생이던 시절, 사귀던 여자 친구가 직접 구운 빵을 "어머니 드리려고 만들었어요." 하며 쑥스러운 얼굴로 내게 내밀었다. 그 모습을 지켜보던 아들이 "아들보다 낫다." 하며 농담 섞인 한마디를 던졌다. 여자 친구가 돌아간 후 나는 슬며시 웃으며 말했다.

"아들, 여자 친구가 왜 빵을 만들어서 가져왔을까? 너한테 잘 보이려고 만든 거잖아. 네가 없었으면 엄마한테 빵 안 만들어 줬을걸. 그러니까, 너는 엄마한테 세상에서 제일 귀한 선물이야."

그 말은 지금도 유효하다. 남편이 쓰러졌을 때, 하늘나라로 떠났을 때, 모든 게 무너져 내리는 것 같았던 그 시간에도 내 곁을 묵묵히 지켜준 사람은 아들이었다. 차디찬 병실, 허전한 거실, 텅 빈 식탁에 혼자 앉아 눈물 흘릴 때 아들은 묻지도 않고 옆에 앉아 그저 내 손을 꼭 잡아주었다. 내가 다시 꿋꿋하게 설 수 있었던 건 아들이 있었기 때문이다. 살아야겠다는 마음도, 견뎌보겠다는 의지도, 모두 아들 덕이었다. 그래서 나는 안다. 이 세상에서 내게 가장 큰 선물은 아들이라는 것을.

무엇과도 바꿀 수 없고 어떤 말로도 다 표현할 수 없는, 하늘이 내게 준 단 하나의 선물.

4

남편은 말없이 나를 가르친 멘토였다

남편을 보며 사람을 소중히 여기는 마음을 느낄 수 있었다.

프라이드,
우리 삶에 날개를 달아주다

나는 해마다 3월이 오면 괜히 가슴이 뛴다. 봄이 와서 그런 건 아니다. 내가 태어난 달이자, 남편을 처음 만난 달이며, 무엇보다도 운전면허를 취득한 달이기에 내게는 그저 '행운의 달'로 남아 있다. 쉰을 넘긴 지금도, 3월이 오면 어쩐지 새로운 일이 생길 것만 같아 괜히 설렌다.

스물넷의 어느 일요일, 평소처럼 빈둥대며 누워 있었을 때였다. 엄마가 방으로 들어오더니, 뜬금없이 "정은경, 운전면허나 따보는 게 어때?" 하셨다. 무슨 소린가 싶어 엄마를 쳐다봤다. 아침 시장을 다녀오는데, 옆집에 선 빨간 프라이드에서 목발을 짚고 내리는 여성 분을 보셨단다. 그 모습이 인상 깊었는지, 우리 딸도 그렇게 멋지게 운전하며 살아가면 좋겠다고 생각하셨다고 한다.

엄마의 그 말이 내 마음속 어딘가를 건드렸다. 당당하게 세상을 살아가길 바라는 엄마의 마음이 전해졌기에, 바로 운전면허 학원을 알아봤다. 지금이야 장애인도 집 근처에서 면허를 딸 수 있지만, 1993년 그때는 달랐다. 장애인은 따로 면허를 따야 했고, 내가 배울 수 있는 가장 가까운 곳은 멀리 세곡동이었다.

필기시험은 어렵지 않게 통과했다. 문제는 실기였다. 직장을 다니고 있었기에 오직 일요일 아침에만 시간을 낼 수 있었고, 새벽같이 구리를 나서야 오전 수업을 들을 수 있었다. 허허벌판의 그 연습장은 칼바람이 쓸고 가던 한겨울, 몸도 마음도 꽁꽁 얼어붙던 시간이었다. 차는 현대 엑셀이었고, 나는 8번, 어쩌면 10번쯤 그 차를 몰았다.

모든 장애인이 서울 강서 면허시험장에 모였다. 제주도, 전라도, 경상도에서 올라온 사람들 속에 끼어, 구리에서 왔다고 하기도 민망했다. 첫 번째 실기시험은 T자 코스에서 실패했다. 두 번째도, 세 번째도 그 고비를 넘기지 못했다. 네 번째 시험 보러 가는 날 아침에, 직장 사장님이 농담 반 진담 반으로 "이번에도 떨어지면 죽고 오지 마!" 하시는 거다. 어이가 없어 웃으며 '넹' 하고 대답했지만, 속은 부글부글 끓었다. 그래서였을까, 그날은 이상하리만치 마음이 단단했다. 나는 당당히 합격했고, 그렇게 3월 8일, 내 이름이 새겨진 면허증을 손에 쥐었다.

며칠 후, 이모의 주선으로 한 다방에서 지금의 남편을 처음 만났다. 다방을 나서자, 남편은 노래방으로 향했다. 조용필 노래를 한 시간 동안 쉬지 않고 부르는 그의 모습에 나는 조용히 앉아 '제정신인가' 싶은 생각을 했다. 내 취향과는 영 딴판인 그가, 결국 내 인생의 동반자가 될 줄 누가 알았을까.

그는 광주에서 근무 중이라고 했다. 나는 당연히 전라도 광주인 줄 알았는데, 알고 보니 경기도 광주였다. 경기도에도 광주가 있다는 걸 그때 처음 알았다. 동서울 터미널에서 광주행 버스를 타고, 한 시간 남짓 달려 그가 일하는 병원 근처에서 우리는 일주일에 한 번씩 만났다.

나는 그저 '장애가 있는 사람'의 삶이 궁금해서 나간 자리였고, 결혼은 전혀 염두에 두지 않았다. 그래서 부모님께도 말하지 않았는데, 선을 봤다는 사실이 알려지고 말았다. 아버지는 "우리 집에 장애인은 너 하나로 족하다."며 단호하게 말씀하셨다. 그 말이 내 마음에 꽂혔다. 그렇다면 우리는 어디서도 인정받지 못한다는 말인가. 반항심이 끓어올랐고, 아버지를 설득해 우리는 6월 결혼했다.

광주는 나에게 완전히 낯선 곳이었다. 아는 사람 하나 없는 동네였다. 남편이 출근하고 나면 집은 텅 비었고, 나는 무척 쓸쓸했다. 그걸 눈치챘는지, 남편은 병원에 물리치료를 받으러 온 성격 좋은 기현 언니를 내게 소개해 주었다. 기현 언니는 내가 광주에서 처음 사귄 친구가 되었고, 지금까지 30년 넘게 인연을 이어오고 있다.

결혼 후 첫 설, 남편은 병원 어르신께 큰절을 드렸고, 어르신은 그 모습이 예뻤는지 만 원을 주셨다. 남편은 그 돈으로 나를 돼지갈빗집에 데려갔고, 우리는 따뜻한 저녁을 함께했다. 그렇게 남편은 다정하고 따뜻한 사람이었다.

그런 그가 어느 날 버스를 놓치지 않으려 아픈 다리로 달렸다. 나도 함께 달렸다. 그러나 기사님은 몇 번이나 우리 앞에서 문을 닫고 떠났다. 속이 뒤집혀 "나쁜 놈!" 하고 욕을 퍼부었지만, 남편은 조용히 웃을 뿐이었다. 나는 울컥했다. 그날, 나는 홧김에 프라이드를 신청했다.

운전 경력도 없고, 차에 대해 아는 것도 없었기에 남편은 나를 위해 매일 아침 6시에 일어나 광주 시내를 돌며 운전 연수를 해주었다. 그 덕분에 나는 조금씩 도로 위에서 자신감을 얻었고, 어느덧 고속도로에 도전할 수 있게 되었다. 첫 고속도로 주행은 안면도였다. 공포와 긴장, 절박함이 뒤섞인 그날을 잊지 못한다.

브레이크를 내리지 않고 달려 차에서 연기가 났던 날도 있었다. 하지만 실수는 곧 익숙함으로 바뀌었고, 결국 나는 운전이 내 삶을 확장해 준 가장 큰 행운이었다고 확신하게 되었다. 아들을 낳고, 분유며 기저귀며, 짐을 가득 싣고 이동하던 수많은 날. 운전이 아니었다면 그 좁은 집 외엔 보여줄 것이 없었을 내 아이에게, 나는 세상을 보여줄 수 있었다.

우리는 서울 종로에서 땅끝 해남까지, 전국 곳곳을 누볐다. 빨간 프라이드는 아니었지만, 하얀 프라이드는 우리 삶에 날개를 달아준 선물이었다.

물리치료실은
나에게 인생 학교였다

    물리치료실 아래로 계단이 몇 개 있었다. 남편이 직장을 옮기며 이천으로 이사를 하게 되었고, 병원 원장님의 배려로, 나는 그 병원의 물리치료실 보조로 일하게 되었다. 시골 병원이라 그런지 젊은 사람들보다는 60~70대 어르신들이 주를 이루었다. 스물여섯의 나이에 마주한 일흔, 여든 어르신은 나에게 할머니, 할아버지나 다름없었다. 그래서 처음에는 말끝을 높이고 조심스럽게 대했다. 그러다 너무 정중하면 어르신들이 불편할지도 모른다는 생각이 들면서 "금옥 할아버지 어서 와요.", "을순 할매, 오랜만이에요." 하며 반말을 섞어 불렀다. 그러자 손녀가 부르는 것처럼 느껴셨는지 해맑게 웃으며 "그래, 그래." 하셨고 우리는 조금씩 친해졌다.

    어르신들은 항상 손에 사탕, 떡, 과일 등등을 들고 오셨고, 그것을 나에게 주며 "이거 먹어보렴." 하셨는데 할머니, 할아버지 사랑을 받아본 적이 없는 나는 이 경험을 통해 할머니, 할아버지의 사랑이 어떤 것인지를 느낄 수 있었다.

어르신들은 특이한 것이 있었다. 이름이 아닌 게부리 최 영감, 여주댁, 이렇게 불렀다. 또 "할아버지, 연세가 어떻게 되세요" 하고 물으면 "을축생이여.", "갑오생이여." 하셨다. 처음엔 도무지 무슨 소린가 싶었지만, 이내 알게 되었다. 태어나자마자 호적에 오르지 못한 세대. 몇 살인지 뚜렷하게 기억 못 하는 것도 무리는 아니었다. 그런 시간 속에 살아온 분들, 그들이 내게 삶의 스승이 되어 주었다.

금옥 할아버지를 잊을 수가 없다. 빨강 바지저고리에 콧수염, 빙그레 웃는 얼굴이 꼭 하회탈 같았다. 매일 같은 시간, 계단을 내려오시는 발소리가 들리면, 벌써 마음이 따뜻해졌다. 그런데 하루는 그 소리가 들리지 않았다. 마음이 이상했다. 얼마 후 친구분이 오셨다. 나는 반가운 마음에 "금옥 할아버지는" 하고 물었다. 할아버지는 담담하게 대답했다. "그 친구 갔어." 나는 믿을 수가 없었다. 어제도 "이거 먹어." 하며 내 손에 과자를 쥐어 주던 그 할아버지가, 오늘은 이 세상에 없다는 것이. 너무나 허망했다. 한동안 나는 계단을 바라보며 할아버지가 웃으며 내려올 것만 같아 눈을 떼지 못했다. 그때 처음으로 죽음이란 걸, 사람의 빈자리를, 생의 덧없음을 배웠다.

그 후로도 잊을 수 없는 얼굴들이 있다. 덕소 출신의 어떤 할머니는 평양에서 기생 수업을 받으셨다고 했다. 12형제 중 먹을 것 없어 기생으로 팔려 가듯 갔고, 첫 손님상에 나갔을 때, 할머니가 마음에 든 남자와 결혼했다. 그런데 알고 보니 그 남자는 이미 결혼한 상태였다. 아들을 임신한 상태라 도망칠 수도 없었다며 쓸쓸히 웃으시던 그 얼굴.

6·25 전쟁이 터지자, 남편은 "양복점을 정리하는 대로 갈게"하고 할머니와 아들을 친정으로 보낸다. 친정에서 아들을 업고 기찻길에서 하염없이 기다렸지만, 남편은 오지 않았다, 결국 살아야 했기에 술집을 차렸고, 또 다른 남자와 결혼한다. 그러다 몇 해 뒤 이북서 첫 남편이 찾아왔고, 할머니는 울면서 "너무 늦었다며 당신 아들이나 데리고 떠나라고 한다." 그러자 첫 남편은 "애비 없는 자식은 키워도 애미 없는 자식은 못 키우는 것"이라는 말을 남기고 떠난다.

얼마 후 할머니를 너무 사랑한 첫 남편은 자살하고 만다. 나는 물리치료실 바닥에 주저앉아 엉엉 울었다. 세상에 이런 삶이 있을 줄이야. 드라마보다 더 드라마 같은 이야기 앞에서 나는 아무 말도 할 수 없었다.

80대 시어머니와 60대 며느리가 함께 치료를 받으러 오는 경우도 종종 있었다. 며느리들은 될 수 있으면 시어머니와 멀리 떨어진 자리를 원했다. "어른 대접을 받아본 적이 없어." 어느 날 한 며느리의 그 말이 가슴을 때렸다. 20대에 시집와 매사 시부모님을 먼저 챙기며 살았고, 아이들이 무엇을 사 와도 할머니, 할아버지가 먼저였다. 자식도 시부모도 자신을 알아주지 않는다고 느끼는 마음, 나는 그 말속에서 깊은 응어리를 보았다.

97세의 할머니 한 분은 사위에게 업혀 오셨다. "내가 너무 많이 먹었지요?" 하시기에 "아니에요, 더 연세 많으신 분들도 오세요." 했더니, 금세 웃으며 "우리 동네에도 둘이나 더 있어요~" 하셨다. 그 순간, 나는 말 한마디 잘못했으면 큰일 날 뻔했구나 싶어 가슴을 쓸어내렸다.

또 어떤 할머니는 매일 남편에게 맞고 사셨다고 했다. 그런 할아버지가 세상을 떠난 날, 나는 웃으며 "할아버지가 하늘나라 가서서 좋으시죠?" 하고 물었다. 그런데 그 할머니는 "보고 싶어~" 하며 눈물을 흘리셨다. 그때는 이해할 수 없었다. 어떻게 그런 사람이 보고 싶을 수 있을까. 그러나 세월이 흐르고, 나도 산전수전을 겪으며 살아보니 그 말이 이해되었다. 사랑과 증오는 때로 얇은 종이 한 장 차이였고, 인생은 그렇게 간단하지 않았다.

윤희 엄마도 잊을 수 없다. 윤희 엄마가 물리치료실에 오는 날은 웃음꽃이 피는 날이었다. 시어머니는 첫딸을 낳자 "귀한 손녀 낳아줘서 고맙다." 며 밥을 해주었고, 둘째도 딸이었지만 또 감사하다며 밥을 해주었다. 셋째도 딸이었고, 네 번째 임신 때는 혹시 또 딸일지

무서워 다리를 꼬고 아이를 낳았다. 그런데 고추가 보여서 시어머니가 기뻐 밥을 또 해주었다.

그렇게 낳은 아들이 군대 다녀와 결혼 전에 여자를 임신시킨다. 그 충격에 윤희 엄마는 앓아눕게 되고, 그때 친한 친구가 찾아와 "야! 일어나 학정이가 효도한 거지." 한다. 그 말에 기운을 얻게 되고, 동네 여행을 가게 된다. 그곳에서 사람들이 또 수군거리자, 기사에게 마이크를 달라고 한 윤희 엄마는 "우리 학정이 어디서 애 만드는 것만 배워왔어유~" 하니 동네 사람들이 모두 호탕하게 웃으며 더 이상 쑥군대지 않았다. 그런 분이 초대한 저녁, 4대가 함께 사는 윤희네 집은 참 따뜻해 보였다.

그 시절, 나는 가끔 생각했다. '나는 어떤 가을이 될까.' 우리 인생도 계절 같아서, 100세를 기준으로 25세까지는 봄, 50세까지는 여름, 75세까지는 가을, 100세까지는 겨울이라면, 지금 만나는 이 50~60대분들은 어떤 가을을 보내고 계실까. 봄에 씨를 뿌리고, 여름에 정성껏 가꾼 이들이 가을에 알찬 열매를 맺는다면, 겨울은 그 수확으로 따뜻하게 보낼 수 있을 것이다.

하지만 현실은 다르다. 병원엔 부유한 사모님들이 마사지 후 강남으로 쇼핑을 가는 반면, 어떤 분들은 비가 와서 일을 할 수 없는 날에야 아픈 몸을 이끌고 치료실을 찾았다. 아파도 일을 할 수밖에 없는 분들, 그분들의 굽은 허리와 굳은 관절은 삶을 통째로 말해주고 있었다.

나는 그 시절, 계단을 오르내리던 수많은 발자국 소리를 들으며, 어르신들의 사연을 통해 세상을 배웠다. 때로는 울었고, 때로는 웃었다. 물리치료실은 나에게 인생 학교였다. 지금도 문득문득 그 시절이 떠오른다. 그들의 주름진 손, 투박한 말투, 진심 어린 미소. 그 모든 것이 내 마음속 깊은 곳에, 푸근한 가을 햇살처럼 자리잡고 있다.

남편의 지혜,
연극 같은 훈육

　2025년 1월과 2월, 그해의 겨울은 유난히 혹독했다. 눈이 많이 왔고, 바람은 날을 세워 살을 베듯이 몰아쳤다. 여든을 넘긴 엄마는 그 겨울에 세 번이나 넘어졌다. 세 번째 넘어졌을 땐, 대퇴부에 금이 가 깁스를 하게 되었고, 50대 중반인 나도 빙판을 이기지 못하고 세 번째 넘어지며 팔꿈치를 다쳤다. 그때 느꼈다. 뼈라는 게 어떻게 충격에 굴복하는지, 그리고 그 부서진 자리마다 얼마나 아린지. 바지 단추 하나 끼우기조차 전쟁 같았고, 평상시 아주 쉽게 생각했던 화장실 물 내리는 것도 힘겨웠다. 누웠다가 일어날 땐, 짚을 손이 없으니 이리 뒤척, 저리 뒤척, 마치 거북이 뒤집힌 모습처럼 땅바닥에서 낑낑대다 간신히 일어났다.
　고무줄 바지를 입고 싶었다. 그 편한 고무줄 바지 하나 없다는 게 그렇게도 아쉬웠던 날이었고, 비로소 몸이 조금 나아졌을 무렵엔 집으로 향했다. 엄마는 여전히 깁스를 한 채 물리치료를 다니고 계셨다. 팔꿈치에 멍이 시퍼렇게 든 나를 보자 엄마는 "딸, 엄마가 미안하다. 얼마나 아팠니……." 하며 울먹이셨다. 나는 "아니야, 엄마. 미안한 게 아니라! 고마워. 내가 아플 때 와서 쉴 수 있는 집이 있다는 것이 정말 고마워." 라고 되려 안심시켜 드렸다. 사실, 정말 고맙고 미안했다.

평생 딸이 다섯 손가락이라 마음이 아프셨을 텐데, 그 딸이 다섯 손가락마저 쓰기 어려운 상태로 집에 왔으니 얼마나 마음이 아팠겠는가? 그런 모습을 보여드린 것도 미안했고, 또 다리에 깁스하고 절뚝거리며 밥상을 차려주실 때는 더욱 미안했다.

그때 문득 떠올랐다. 남편의 말, 아이를 가지던 그 시절. 결혼한 지 네 해 만에 아이를 가졌을 때, 나는 마냥 기뻤다. 하지만 남편은 말했었다. "우리가 잘 키울 수 있을까?" 그 말에 처음으로 '장애인 부모'라는 자각이 가슴을 눌렀다.

내게도 두려움이 찾아왔다. 나는 과연 괜찮은 엄마가 될 수 있을까. 하지만 그 불안은 오래가지 않았다. 내겐 어릴 적부터 들어온 목소리가 있었다. 엄마는 언제나 "너는 할 수 있다." 하셨고, 아버지는 "필요할 땐 내가 도와줄게." 하셨다. 그렇다. 나는 혼자가 아니었다. 나에게는 항상 부모님이라는 든든한 지원군이 있었고, 그 지원군들의 목소리는 내 안에 자신감으로 자리 잡고 있었다.

남편은 참 따뜻하고 지혜로운 사람이었다. 결혼한 지 한참 후에야 아이를 낳았으니, 남편 나이 서른여덟. 그토록 귀한 아들이었기에, 야단을 치는 일에는 늘 미온적이었다. 야단은 늘 내 몫이었다. 어느 날, 아들이 무언가 잘못해 내가 야단을 치고 있을 때, 남편이 말했다.

"당신, 화내면 몸 상해. 내가 방에 데리고 가서 얘기할게."

그렇게 말하니, 나는 조용히 마루에 앉아 남편의 훈육을 기다렸다. 방안에서 들려오는 소리는 분명 꾸중이었다. "아빠, 잘못했어요. 다시는 안 그럴게요." 아, 이제야 아빠가 제 몫을 다 하는구나 싶어 안심되었던 그날. 하지만 그건 연극이었다.

몇 해가 흘러 아들이 고등학생이 되어 말했다.

"엄마, 아빠가 나 그때 진짜 혼낸 줄 알았지? 그거 다 연극이었어. 아빠가 방바닥에 회초리를 툭툭 치면 내가 거기에 맞춰 '다시는 안 그럴게요!' 하면서 울먹이는 흉내를 내게 했어."

나는 한동안 말을 잇지 못했다. 속았다는 분함보다, 그 속임 속에 담긴 남편의 따뜻함과 배려에 마음이 뭉클했다. 유현준 작가의 『어디서 살 것인가』를 읽다 보면 이런 이야기가 나온다. 대가족이던 시절에는 부모가 야단을 치면 조부모가 중재자가 되어주었지만, 지금의 핵가족 구조에서는 한 사람이 야단을 치면 다른 한 사람도 함께 화를 내거나, 아니면 부부싸움이 되기 십상이다. 우리 집은 달랐다. 남편은 야단치는 나를 막아 서, 아이를 혼내는 대신 품어주었다. 그것이 우리가 선택할 수 있었던 가장 슬기로운 방식이었다.

사람은 정말 힘들 때, 자살을 결심하기 전 마지막으로 누군가에게 전화를 건다고 한다. 그러니까 누군가가 자신을 끝까지 지지해 줄 거라는 믿음, 그 단 한 사람이 있다는 확신은 삶을 붙드는 줄이 된다. 아들에게 남편은 그런 사람이었을 것이다. 내가 야단을 치면, 남편은 품어주었다. 그것이 아들이 마음의 문을 닫지 않게 하는 방패막이었다.

부모란 늘 좋은 말만 해주는 사람이 아니고, 옳은 말만 하는 사람도 아니다. 그보다는 아이가 넘어졌을 때 다시 일어날 수 있게 팔을 내밀어주는 사람이어야 한다. 남편은 그런 사람이었다. 회초리를 들지 않고도, 아들의 마음속에 회초리보다 깊은 울림을 남긴 사람. 연극처럼 보였던 그 시간이야말로, 진심이 가장 절묘하게 스며든 장면이었는지도 모른다. 그래서 나는 안다. 아이를 잘 키우는 법이란, 결국 아이가 자신은 혼자가 아니라는 걸 알게 해주는 일이라는 것을. 그리고 그 역할을 우리는 참 잘 해냈다는 것을.

죽을 뻔한 제주도 여행,
가족과 다시 걷다

    신혼여행을 강원도로 다녀온 우리 부부는 늘 마음 한켠에 '언젠가 제주도'란 꿈을 품고 있었다. 육지의 끝자락이 아니라, 그 너머 바다 건너에 있는 섬. 손 닿지 않던 그 섬을 처음 밟은 건, 아들이 초등학교 1학년 겨울방학 때였다. 남편과 나는 한 번도 제주도를 가본 적이 없었다. 처음이니만큼 모든 걸 조심스럽게 준비했다. 내가 운전하며 고생하지 않도록 인터넷으로 개인택시를 예약해 두었고, 기사분이 숙소며 여행 코스까지 다 알아서 챙겨주시기로 했다.

    그 전날, 하필 눈이 많이 내렸다. 남편은 눈 때문에 비행기를 못 탈까 봐 걱정하면서, 하루 전날 저녁에 미리 청주공항 근처로 출발하자고 했다. 모텔에서 하룻밤을 보내고 나니 이른 아침 비행기 타는 것도 한결 수월했다. 제주에 도착했을 땐 눈이 없었다. 공항에는 택시 기사분이 기다리고 계셨고, 우리는 천제연폭포로 향했다. 차에서 내릴 때만 해도 평온했던 하늘은, 점심을 먹고 나오니 하얀 눈을 흩뿌리고 있었다. 여미지 식물원을 돌고 숙소로 향하던 중, 이상한 일이 일어났다. 택시가 빨간 신호를 무시하고 계속 달리는 것이었다. 내 눈이 똥그래졌다. 세 번이나 무시한 신호, 그제야 남편이 눈치를 챘고 핸들을 꺾어 도로에 차를 멈추게 했다.

택시 기사분은 말이 없었다. 표정도 멍했다. 알고 보니, 운전 중 뇌졸중이 온 것이었다. 남편은 곧장 119에 전화를 걸었지만, 눈보라가 몰아치는 바람에 위치를 설명하기도 어려웠다. 지나가는 사람 하나 없어 발만 동동 굴렀는데, 다행히 한 사람이 우리 곁을 지나갔다. 덕분에 위치를 전할 수 있었지만, 119는 오지 않았고, 도로 위에 서서 있는 것이 위험하다 싶어 남편은 아들과 나를 인근 빌라 안으로 대피시켰다. 하지만 나는 남편을 혼자 두고 들어갈 수 없어 다시 밖으로 나왔다. 눈이 옷 속까지 파고들었다. 덜덜 떨며 기다리기를 40분, 마침내 구급차가 도착했고, 우리는 기사 아저씨와 함께 병원으로 향했다.

병원에서 기사분을 내려드리고 나니, 숙소가 어디였는지도 몰랐다. 그 혼란한 순간, 구급대원들이 근처 관광호텔을 알아봐 주었고, 우리는 그곳 온돌방에 몸을 녹일 수 있었다. 다음 날 아침, 남편은 조용히 말없이 나가더니 새 개인택시를 데려왔다. 눈이 많이 내린 뒤라 도로 사정이 좋지 않았지만, 젊은 기사분은 묵묵히 우리를 이끌었다. 우리는 제주도의 흑돼지, 해물된장찌개를 맛보고 산굼부리의 겨울 풍경을 걸었다. 그렇게 무사히 2박 3일을 마치고 돌아오는 길, 남편은 웃으며 말했다.

"촌놈들이 제주도 한 번 가보겠다고 나섰다가 죽을 뻔했네."

그로부터 17년 후, 그 '촌놈'은 하늘나라 사람이 되었고, 그때 초등학생이던 아들은 군대를 다녀왔다.

두 번째 제주도는, 아들이 운전하고 내가 조수석에 앉는 여행이었다. 부모님을 모시고 간 가족 여행. 새벽 5시에 출발해 김포공항에서 7시 비행기를 탔다. 제주에 도착하니 8시 20분. 렌터카 예약도 아들이 했다. 차를 타자 아들이 묻는다.

"엄마, 어디 가?"
순간 멍했다.

여행 계획은 늘 남편의 몫이었으니까. 나는 따라만 다녔고, 남편이 구경하자면 구경했고, 밥 먹자면 먹었다. 내가 어딜 가자고 해본 적이 없었다.

　렌터카 이름이 '용두암'이라서 그곳으로 가자고 했고, 도착하니 아버지는 벌써 배가 고프셨다. 식당을 찾아 이곳저곳 뛰어다녔고, 겨우 문을 연 곳을 찾았다. 아버지와 아들은 식사했고, 나는 음식 가리는 엄마를 위해 빵을 사러 다녔다. 빵집을 찾기 위해 몇 사람에게 물었지만 모른다는 대답뿐이었다. 겨우 단팥빵과 소보루를 사서 돌아오는 길에 편의점에서 우유도 샀다. 그렇게 가족이 한 끼를 해결하고는 에코랜드로 향했다. 꽃과 기차, 자연의 품 안에서 가족은 모처럼의 여유를 맛보았다. 저녁에는 아버지와 아들은 회를, 비린 것을 못 먹는 엄마와 나는 라면을 먹었다. 분식집 라면이 그렇게 따뜻하게 느껴진 적도 드물었다. 저녁 여섯 시, 우리는 모두 잠들었다.

　다음 날 새벽 4시, 조용히 로비로 내려가 노트북으로 일정을 짰다. 평생 처음으로 해본 여행 계획이었다. 애월과 한림공원, 함덕해수욕장, 우도로 정하고 숙소로 올라가니 가족들이 깨어있었다. 아들은 꼼꼼하게 시간을 맞춰 한림공원을 첫 코스로 정했고, 우리는 푸른 공작이 날아다니는 정원을 걷고 민속촌을 지나 야자수 카페에 들렀다.

　엄마가 좋아하시는 호박 팥빵을 사서 함께 나눠 먹으며 함덕 해수욕장으로 향했다. 도착해 아버지와 아들은 점심을 함덕 맛집인 갈치옥에서 통갈치 조림 2인분을 시켜드렸다. 그리고 편의점에서 햇반과 김, 김치를 사서 엄마와 함께 점심을 먹으며 본 함덕 바다는 지금까지 내가 본 바다 중 가장 아름다웠다.

　식사 후 우리는 서우봉 둘레길에 올랐다. 그곳에서 자유롭게 풀어놓은 말 한 마리를 보았다. 그 말은 근육은 단단했고, 털은 윤이 났으며 눈빛은 살아 있었다. 어제 에코랜드에서 눈도 제대로 못 뜨고 금방이라도 폭하고 쓰러질 것 같은 말과는 전혀 달랐다. 그것을 보며 사람이나 동물이나 자연 속에서 힘을 얻는 존재들이라는 생각이 들었다. 성산항에서 배를 타고 우도로 갔다. 전기차가 보였다. 아버지와 아들은 전기차를 타고 한 바퀴 돌기로 했고, 엄마와 나는 조금 걷기로 했다. 걷다 보니 땅콩 아이스크림 가게가 보였다.

　들어가 땅콩 아이스크림을 주문하고 엄마와 마주 앉아 먹는데, 옛날 엄마와 단둘이 외출하던 기억이 떠올랐다. 어렸을 때 서대문구로 의수를 만들러 가면 엄마가 항상 김밥과 팥빙수를 사주고는 했는데 매일 가게 일과 집안일로 바쁜 엄마와 유일하게 단둘이 외출할 수 있는 행복한 시간이었다.

　마지막 날, 호텔 조식 뷔페에서 평소 밖에서는 잘 드시지 않던 엄마가 세 접시를 가져다 드시는 걸 보고 나는 마음속으로 다짐했다.

"다음 여행도 꼭 조식이 나오는 호텔로 하자."
돌아오는 길, 아버지는 말씀하셨다.

"또 오자."
나는 고개를 끄덕였다.
그 말이 약속처럼 느껴졌다.

여름밤 여인숙과
소프트아이스크림의 추억

　결혼하고도 네 해가 지나도록 아이가 없었다. 그래도 그 시절은 나름대로 자유로웠다. 남편은 여행을 좋아했고, 나는 그를 따라 산으로, 들로 다녔다. 물리치료실 일을 마치고 토요일 다섯 시가 되면 우리는 늘 어디론가 떠날 채비를 했다. 덜컥 차에 올라타 강원도든, 경북이든, 지도에 점 찍듯 향한 곳은 제각기 달랐지만, 여행이란 늘 설렘과 피로, 그리고 가끔은 예기치 못한 해프닝을 안겨주었다.

　가장 또렷하게 기억나는 건 여름 성수기의 강원도였다. 병원도 대부분 7월 말에서 8월 초에 휴가를 몰아서 쓰다 보니 우리도 그 무렵 잠시 짬을 내 떠났다. 밤 아홉 시가 다 되어 도착했는데, 어림없게도 방이 없었다. 모텔도, 호텔도, 펜션도, 심지어 민박집까지 발 디딜 틈이 없었다. 여기저기 헤매다 도착한 여인숙. 간신히 남은 방 하나가 있었는데, 웃지 못할 정도로 작았다. 남편과 내가 키 160cm에 오십 킬로 남짓한데, 둘이 누우면 숨 한 번 고르기 힘든 방이었다. 그 좁은 방을 5만 원을 달라고 했다. 선택의 여지가 없었다. 피곤함에 절어 지불하고 누웠지만, 잠은커녕 밖에서 들려오는 술주정 소리, 기차 지나가는 굉음에 한숨도 자지 못했다. '차에서 잘 걸.' 아쉬운 마음은 이불처럼 몸을 감쌌지만, 이미 지나간 일이었다.

다음 날 우리는 포항으로 향했다. 사촌 언니들과 형부들이 모이기로 했던 여름휴가였기에 지쳐도 달렸다. 도착하자마자 피로가 몰려와 호텔 방을 구해 들어가자마자 둘 다 그대로 쓰러졌다. 눈을 떠보니 저녁 일곱 시. 휴대폰에는 부재중 전화가 수북했다. 사촌 언니에게 전화를 걸고 부랴부랴 큰집으로 향했다. 다들 모여 있었고, 뒤늦게 합류한 우리를 반갑게 맞아 주었다. 그렇게 우리는 비싼 여인숙을 지나 포항에서의 따뜻한 여름밤을 보냈다.

아이를 가진 해, 다시 설악산으로 향했던 것도 기억난다. 첫 아이를 유산한 후 3년 만에 생긴 아이였다. 혹시라도 무슨 일이 생길까 조심스러웠던 남편은 차 대신 버스를 타자고 제안했다. 그해는 1997년, 처음으로 신용카드를 발급받았던 해였다. 신기한 마음에 현금 8만

원과 카드를 들고 여행을 떠났다. 아직 카드 결제가 익숙하지 않던 시절이라 식사는 현금으로, 숙박은 카드를 이용했다.

다음 날 아침, 설악산 케이블카를 타자고 남편이 졸랐다. 왕복 티켓을 사고 나니 남은 현금은 바닥이었다. 아침밥은 물론, 이천으로 돌아갈 버스비조차 없었다. 어쩔 수 없이 시내로 나가 현금을 찾기로 했다. 그때, 소프트아이스크림 가게가 눈에 들어왔다. 나는 아이스크림을 정말 좋아한다. 지금도 그렇다. 너무 반가운 마음에 사서 남편에게 손을 흔들며 "자기야! 나 아이스크림 샀어!" 하고 소리쳤다. 그 순간, 아이스크림이 뚝 하고 바닥으로 떨어졌다. 아아, 너무한다. 고작 과자에 붙은 조각만 맛보고 말았다.

케이블카를 타고 설악산을 구경한 뒤 시내로 나왔다. 은행 ATM 기계에서 돈을 찾으려는 찰나, 갑자기 삐삐 소리가 나더니 은행 문이 닫혔다. 어리숙한 시골 부부가 ATM 기계 조작을 잘못해 은행 안에 갇히는 신세가 된 것이다. 우리는 그저 바닥에 주저앉아 경비원이 오기를 기다릴 수밖에 없었다.

10분쯤 기다리니 경비원이 와서 문을 열어주고, 돈 찾는 방법도 친절하게 알려주었다. 그렇게 10만 원을 찾아 밥도 먹고, 바닷가도 거닐고, 무사히 집으로 돌아왔다. 지금도 휴게소에서 소프트아이스크림을 보면 그 날의 추억이 선명히 떠오른다.

또 한 번은 장마철 여행이었다. 배춧값이 만 원에 달하던 시기였고, 김치도 금치였다. 우리는 여행할 때 코펠에 물 올려 라면을 끓여 먹는 걸 좋아했다. 차 트렁크에는 언제나 아이스박스에 김치가 담겨 있었는데, 마침 김치가 떨어졌다. 어느 밥집에서 식사했는데, 김치가 기가 막히게 맛있는 것이다. 주인아주머니께 조심스레 "김치 좀 싸주실 수 있을까요?" 여쭈었더니 흔쾌히 싸주셨다. 나는 얼른 차로 달려가 김치를 아이스박스에 넣고, 트렁크 문을 쾅 닫았다.

그런데, 아뿔싸 그만 차 키를 트렁크에 넣고 문을 닫아버린 것이다. 남편 얼굴을 보고 "어떻게 하지." 하니까, 남편이 씩 웃더니, 그늘을 찾아서 나를 부른다. "더우니까 여기 앉아 있어." 하더니 누군가에게 물어서 자동차 문을 열어줄 사람을 부르는 것이다.

나는 그 모습에 미안한 마음이 들었다. 나 같았으면 "어떻게 키를 넣고 문을 닫을 수 있어?"라고 편잔을 줬을 것이다. 하지만 남편은 따뜻하게, 조용히, 문제를 해결했다. 그렇게 얻은 김치는 정말이지 값비싼 금치였다.

남편과 나는 같은 병원에 근무했기 때문에 우리는 거의 24시간을 같이 보냈다. 당연히 회식도 같이했고, 모임도 거의 같이했다. 그러다 내가 2004년도에 의료기 판매업을 하게 되면서 회식도, 모임도 나는 거의 나가지 못했다. 가게 보고, 관리하고, 아이 키우고 하다 보니 시간이 안 맞았다. 그러면 남편은 어디서 회식했든, 아니면 사람들과 좋은 곳으로 여행을 가든, 꼭 내가 시간이 되면 나와 아들을 데리고 그곳에 갔다. 그곳에 갔을 때, 내가 "와~, 맛있다", "너무 이쁘다." 그러면 참 좋아했다.

그런데, 한 번은 음식이 정말 맛이 없었다. 그러자 남편은 미안한 표정을 지으며 "술에 취해서 맛있었나 봐!"라고 얘기했다. 그 순간 남편과 입장을 바꾸어서 생각해 보았다. 내가 남편 입장이라면, "나니까, 이런 것도 사주는 거야!" 그러면서 으스댔을지도 모른다. 그러나 남편은 항상 나의 반응에 귀 기울여주고, 배려가 많은, 그런 사람이었다. 그런 것을 알기에 나는 "아니야, 너무 맛있어."라고 대꾸했다.

가장 가까웠지만,
가장 몰랐던 사람

장례식장은 조용했다. 여느 장례식장처럼 조문객들이 오가며 소란스럽게 북적이는 풍경은 없었다. 내 옆엔 부모님과 아들, 그리고 몇몇 친구들, 선배 내외가 전부였다. 말없는 조용함이 오히려 더 낯설고 무겁게 느껴졌다. 무표정한 얼굴로 멍하니 앉아 있다가, 문득 시선이 영정사진으로 향했다.

남편이었다. 내 사랑이자 동료였고, 때로는 아이처럼 웃음을 주던 사람이었다. 그런데 그 영정 속의 남편은 조금도 행복해 보이지 않았다. 삶에 찌들고, 피곤하고 지친 얼굴에 무거운 표정이었다. 나는 그 모습에 정신이 번쩍 들었다.

"내가 알던 당신은 이런 얼굴이 아니었는데."

남편은 따뜻한 사람이었다. 나는 열이 나면 늘 고열로 앓곤 했고, 남편은 밤새 물수건을 갈아가며 내 열을 내려주었다. 겨울밤이면 몸이 냉해 쉽게 잠들지 못하는 나를 꼭 껴안아 그 체온으로 잠들게 하던 사람. 의료기 가게를 하면서 여자 손님들이 핫팩을 사 가며 "핫팩이 남편보다 낫네요." 하며 웃을 때마다, 나는 마음속으로 '아니야, 우리 남편이 훨씬 따뜻해.' 하고 생각했다.

말도 예쁘게 하던 사람이다. 아무렇지 않게 "예뻐", "사랑해"를 말하던 사람. 물론 부부싸움도 있었다. 때로는 서로 등을 돌리고, 나는 마음속으로 '이젠 두 번 다시 저 사람이랑 말도 안 섞는다' 다짐하기도 했다. 그런데 그럴 때마다 남편은 내 앞에 와서, 장난기 가득한 얼굴로 "나는 그래도 너를 사랑해." 하고 웃었다. 그 말에 나는 아무말도 못 하고, 화가 났던 것도 잊은 채 웃어버리곤 했다.

퇴근길, 바람에 머리카락을 흩날리며 웃으며 오던 모습이 아직도 생생하다. 그때마다 나는 연애하듯 가슴이 뛰었고, 그의 눈을 제대로 바라보지 못했다. 그렇게 나의 하루는 평화롭고 따뜻했다. 나는 그가 행복한 줄 알았다. 그런데 마지막에 남편의 얼굴은 그렇지 않았다. 나는 나 자신에게 묻기 시작했다.

"이 남자가, 도대체 언제 가장 행복했을까?"

장례식이 끝나고 집으로 돌아와 앨범을 꺼냈다. 한 장 한 장 넘기다 아들을 품에 안고 환하게 웃는 남편의 사진 앞에서 나는 멈춰 섰다.

'당신은 아들을 안았을 때, 가장 행복했구나.'

그렇게 나는 그 사진 앞에서 오열했다. 장례식장에서는 아들 앞에서 울 수 없어 참았던 눈물이었다. 그때 처음으로 생각했다.

'나는 남편을 제일 잘 안다고 생각했는데, 어쩌면 제일 모르는 사람이 나였을지도 몰라.'

부부라는 이름으로 가장 가까이 있었지만, 그는 내게 너무 멀었던 건 아니었을까. 부부가 서로를 가장 잘 안다고들 하지만, 어쩌면 가장 모르고 사는 사이라고, 그때 처음 생각하게 되었다.

병원 물리치료실에 함께 근무할 때나, 시장에 장을 보러 가면 남편과 내가 닮았는지 사람들이 남매냐고 묻곤 했다. 그럴 때마다 남편은 장난스럽게 "맞아요." 했다. 그러면 대개는 "아, 그럼 이분이 누나?" 하고 되물었다.

나는 속이 뒤집혔다. 어떻게 9살이나 더 많은 남편보다 내가 누나처럼 보인단 말인가? 물리치료실에선 참고 웃었지만, 시장에서는 화가 나서 물건이 아무리 좋아도 사지 않고 그냥 나온 적도 있었다.

그러나 남편이 쓰러지고 나서는, 그런 사소한 것들은 다 아무 의미가 없었다. 일주일에 한 번은 꼭 병원에 가서 머리를 감겨주고, 지난 일주일 동안의 이야기들을 들려주었다. 그렇게 정성을 들였지만, 남편의 병세는 점점 악화되었고, 동안이던 얼굴은 어느 새 75세 노인의 얼굴로 바뀌어 있었다.

어느 날 병실에서 남편을 지켜보던 할아버지가 내가 오자 이렇게 말했다.

"이봐, 따님 왔어. 눈 좀 떠봐."

나는 그 말을 듣고도 웃지 못했다. 정말 딸로 보였을 만큼 남편의 얼굴은 늙어 있었다. 마음이 아려왔다.

남편이 입원했던 병원에는 대학교 선배님이 계셨다. 선배님은 종종 남편이 물리치료를 받는 모습을 사진으로 찍어 보내주셨다. 그 사진 속의 남편은 내가 알던 남편이 아니었다. 너무 달라서 차마 볼 수 없었다. 그래서 나는 그 사진들을 보지 않고, 조용히 앨범 속에 넣어두었다. 아니, 꼭꼭 숨겨두었다.

살면서 남편을 향한 미안함과 고마움이 겹친다. 내게 아들을 안겨주고, 삶을 웃음으로 채워주고, 내가 아플 땐 물수건을 들어주던 그 손. 열이 떨어질 때까지 내 옆을 지켜주던 그 사람. 아무 말 없이 나를 웃게 하고, 따뜻하게 해주던 사람.

지금도 문득 아이스크림을 먹을 때, 추운 날 따뜻한 핫팩을 손에 쥐었을 때, 바람이 불어 머리카락이 흩날릴 때면, 그가 생각난다. 그리고 나는 아주 조용히, 혼자 중얼거린다.

"승현 아빠 나에게 와주어서 고마워!"

그는 말없이 끝까지
나를 돌봤다

하이, 만나서 반갑다는 인사. 바이, 헤어질 때의 인사. 그리고 마마, 엄마. 그 세 단어가 모여 만들어낸 드라마 「하이바이, 마마」. 김태희가 맡은 차유리는 아이를 낳고 교통사고로 세상을 떠난다. 그러나 남편과 딸 곁에서 떠나지 못한 채 귀신이 되어 5년을 머무르다, 하늘로 돌아가기 전 49일간 환생의 기회를 얻는다. 그리고 그 49일은, 내게도 또 다른 시간의 문을 열어주었다.

승현 아빠가 하늘나라로 떠난 지 사흘째 되던 날이었다. 꿈을 꿨다. 현관문을 나서자, 머리 하나는 더 큰, 익숙하면서도 낯선 남자가 서 있었다. 나보다 9살 많은 남편은 키도, 마음도 참 컸다. 그날 꿈에서 그는 나를 꼭 껴안았다. 울고 있었다. '너를 어떻게 하니…' 라는 표정을 짓고 있었다. 그리고 등을 돌려 누군가를 따라갔다. 나는 그때 직감했다. 아, 데려가는구나. 저승사자라는 게 있다면, 아마도 저 사람이었을 것이다.

유리가 죽고, 강화는 매일 술을 마시며 운다. 유리는 그런 강화를 다독이며 옆에서 울고 또 운다. 그 장면을 보며 소스라치게 놀랐다. 나 역시 그랬기 때문이다. 차를 몰며 흐느끼고 있을 때, 내 옆자리에 남편이 있는 듯한 기분이 들었다. 평소처럼 머리를 쓰다듬는 느낌. 그 따뜻한 손길. 갑자기 마음이 덜컥 내려앉았다. 나는 차를 길가에 세우고 한참을 울었다.

나는 술을 거의 못 마신다. 맥주 3분의 1캔이 한계다. 그런데 그 무렵, 매일 밤 술을 조금씩 마시고 잠을 청했다. 안 그러면 도무지 눈이 감기지 않았다. 그렇게 3년. 매일 밤 눈물에 잠겼다.

꿈속에서 남편은 여전히 애처로운 표정으로 말했다.
"너를 어떻게 하니…"

그러던 어느 날, 그의 얼굴이 화를 내고 있었다.
"너 정신 안 차릴 거야?"

온화했던 사람이 꿈에서 소리치니, 나는 화들짝 깼다. 남편의 사진을 보며 혼잣말했다.

"그래, 나 이제 정신 차려야겠다."
그날 이후, 술은 다시 입에 대지 않았다.

유리의 엄마가 '딸 목소리가 기억나질 않아요…'라며, 절에서 운다. 그 장면에서 나는 한참을 멍하니 화면을 바라봤다. 남편의 얼굴, 웃음, 체취… 다 선명한데 유독 목소리가 기억나질 않았다. 너무도 이상했다. 그 사실이 미칠 듯 답답했고, 누구에게 말할 수도 없었다. 하늘에 전화라도 있다면, 한 번만 들려달라고 애원이라도 하고 싶었다. 그렇게 말 못 하던 내 숙제를 드라마가 대신 풀어주었다.
49재를 따로 지내지 않고 집에서 간단히 제를 올렸다. 그 직후, 아들이 갑자기 걷질 못했다. 병원에 가 이런저런 검사를 했지만, 아무 이상이 없었다. 영양제를 맞춰봐도 달라지지 않았다.

혹시나 하는 마음으로 절에 찾아가 사정을 이야기했더니 스님이 말씀하셨다.
"천도제를 지내보세요."

다음 날 바로 천도제를 지냈다. 그리고 거짓말처럼, 아들이 다시 일어났다. 나는 그날 깨달았다. 세상에 미신이 없다는 말, 그건 너무 단단한 사람들의 이야기일지도 모른다.

12회를 보면 유리, 민정, 현정이 어린이집으로 엄마들과 싸우러 간다. 이때, 근상이가 유리와 현정이는 우두머리로 민정이는 똘마니로 표현한다. 그러자 강화가 유리와 현정이 누나는 성질만 급하고 그에 비하면 민정이는 '제갈공명'이라고 표현한다. 그 대목에서 혼자 웃었다. 만약 내 남편이 나를 '성질만 급한 여자'라고 표현했다면?

"야, 배기정! 지금 네 처는 제갈공명이고, 나는 뭐 성질만 급해서? 너, 가만 안 둬!"

귀신이었다면 머리통이라도 한 대 퍽 쥐어박았을지도 모르겠다. 그래도 웃으며 이야기할 수 있게 된 나를 보며, 세월이 약이라는 말이 조금은 믿어졌다.

가장 가슴 아픈 장면은 따로 있었다. 유리가 환생했을 때, 딸 서우가 사라진다. 민정은 강화 품에 안겨 눈물을 쏟지만, 유리는 멀리서 그 모습을 바라보며 혼자 울 수밖에 없었다. 또 어느 날 셋이 모여 술을 마신다. 취한 민정이를 강화가 안고 간다. 사랑하지만 손끝 하나 닿을 수 없는 존재가 된 유리의 표정을 보며, 나는 참 오래도록 먹먹했었다.

물리치료실에서 만났던 할머니가 있었다. "정 선생, 우리 영감이 나보고 가래…" 하며 운다. 할아버지가 보고 싶어서 꿈에 따라갔더니, 저승에서 할아버지는 "여기가 어딘 줄 알고 왔냐."고 하며, "나 이경실이랑 애 둘 낳고 잘살고 있으니 어서 가라." 하셨단다. 그 말을 듣고 울던 할머니를 안아주며, 나는 생각했다. 살아 있는 사람도, 죽은 사람도, 애틋한 건 매한가지구나.

승현 아빠는 떠난 지 10년이 넘었다. 처음 몇 해는 매일 꿈에 나타났다.

"너를 어떻게 하니…"

요즘은 잘 나타나지 않는다. 가끔 꿈에 나와도 멋진 양복을 입고 저쪽에서 웃으며 바라보기만 한다. 내가 그만큼 편안해졌다는 뜻일지도 모르겠다.

나는 천도제를 몇 번이나 지냈다. 그가 이승에서 못다 이룬 것들, 저승에서는 다 이룰 수 있기를 바라는 마음에서. 좋은 사람 만나길 바라고, 다음 생엔 하고 싶은 일 다 하기를 바란다.

16회, 유리는 말한다.
"자기야, 내 생각이 나면 슬퍼하지 말고, 웃어줘."

그래야 하늘에서도 마음이 편할 거라고. 그 말이 너무 와닿았다. 내가 힘들어하면, 남편도 여전히 이승을 떠나지 못하고 내 곁을 맴도거니까. 또 강화와 유리는 서로에게 무엇이 가장 아쉬웠는지 얘기한다. 유리는 "서우에게 백그라운드 같은 엄마가 되어줄 수 없어서 가장 아쉽다."고. 강화는 "함께 늙어갈 수 없어서 제일 아쉽다."고 한다. 서우 대학 보내고, 시집보내고, 손주들 보며 함께 산책하던 그런 날들. 그렇게 손을 꼭 잡고, "우리 잘 살아냈다." 하고 싶었다고.

그 말에 나는 한참을 울었다. 나도 그랬다. 승현 아빠랑 같이 늙어가며 승현이 대학 보내고, 결혼시키고, 손주 재롱 보며 살 줄 알았다. 인생의 파도가 그렇게 세게 몰아칠 줄, 정말 몰랐다.

이 드라마는 아들이 추천해서 보기 시작했다. 군 제대 후 김태희 나온다고 본다기에, 아들과 이야기라도 나눌 겸 보기 시작했다. 그런데 뜻밖에도, 위로를 받은 건 아들보다 나였다. 오래 묻어둔 마음의 상자들이 하나하나 열리며, 나는 다시 웃을 수 있게 되었다.

이제는 진심으로 말할 수 있다.
하이. 그리고 바이.
승현 아빠, 우리 또 만나요.

5

장애, 잘못된 것이 아니라 다른 것이다

죽기 전날까지, 나에게 일이 있게 해주세요.

장애는 결코
나를 정의하지 않는다

나는 열 손가락으로 태어나지 않았다. 다섯 손가락만으로 세상을 맞았고, 그 다섯 손가락은 내 몸의 일부로 너무도 자연스러웠지만, 세상의 눈은 그렇지 않았다. 처음 만난 이가 가장 먼저 묻는 말은 '부모님은 살아계시느냐?', '결혼은 했느냐?', '아이는 낳았느냐?' 같은 것들이었다. 마치 내 존재 자체가 불완전하고, 누군가의 보살핌 없이 살아갈 수 없는 사람처럼 여겨진다.

내가 세탁기를 돌릴 줄 안다 하면 신기해하고, 손님들이 왔을 때, 내가 밥을 해주면 "엉 못할 것 같은데 잘하네~", "와, 맛있다.", "신기하네~." 한다. 그리고 우리 집엔 청소기가 없다. 나도 다른 주부들과 똑같이 새벽 네시면 일어나 조용히 집안일하고 그날 먹을 반찬을 만들며 하루를 시작한다. 나에게 다섯 손가락은 부족함이 아니라,

오히려 누구보다도 단단하게 살아가는 힘의 근원이었다.

그런데도 세상은 자꾸만 내 손이 부족하다고 말한다. 내게 장애가 있다면, 그건 내 몸이 아니라 나를 보는 세상의 시선이다. 내가 살고 있는 구조, 내가 마주치는 문턱과 계단, 나를 의심하는 말과 표정이 곧 나의 '장애'였다.

'장애'라는 단어는 참 묘하다. 시대와 장소, 그리고 그것을 바라보는 시선에 따라 그 의미가 달라진다. 예전 농경사회에서는 함께 일하지 못하는 사람이 '장애인'일 수도 있었고, 조용히 말 잘 듣고 순응하는 사람이 더 중요했을지도 모른다. 그러나 오늘날은 다르다. 기술이 빠르게 변화하고 정보가 세상을 이끄는 시대, 말과 글, 디지털 도구를 다루지 못하면 그 자체로 소외된다.

나도 2021년 메타버스를 배우기 시작했다. 처음엔 '나 같은 사람이 감히?'라는 생각도 들었지만, 이내 동료들과 스터디를 하고 강사로 활동하게 되었다. 그런데 기술은 또 빠르게 넘어갔다. 어느 새 인공지능 시대가 도래하고, 나는 다시 배워야 했다. 배우지 않으면 세상의 언어를 잃게 되고, 언어를 잃으면 존재감도 함께 잃게 된다. 그렇게 나는 '배움'이 아니라 '생존'을 위해 다시 공부를 시작했다.

이처럼 시대가 바뀌면 장애의 기준도 바뀐다. 예전에는 의사들이 장애를 정의했다. 신체에 손상이 있다면, 또는 정신적 어려움이 있다면, 혹은 사회에 적응하지 못한다면, '장애'라는 이름이 따라붙었다. 그러나 1970년대를 지나면서, 장애인 당사자들이 목소리를 내기 시작했다. 영국의 장애인단체 UPIAS Union of the Physically Impaired Against Segregation 는 '손상'과 '장애'는 명백하게 구분되는 개념이고, 장애는 손상 때문이 아니라 주류사회의 무시와 배제 때문에 발생한다는 새로운 장애 정의를 제시했다.

즉, 높은 계단, 없는 경사로, 곱지 않은 시선, 손가락질과 편견. 그 속에서 우리는 비로소 '장애'를 체감한다. 휠체어를 탄 친구와 함께 식당을 고를 때, 유모차를 끌고 다니며 엘리베이터를 찾을 때, 그 모든 불편함과 제약이 곧 '장애'다. 그것은 나의 몸에서 비롯된 것이 아니라, 사회가 갖추지 못한 환경에서 비롯된 것이다.

학교에서도 마찬가지다. 지적 장애를 가진 아이가 집중하지 못한다고 나무라는 선생님. 기대 없이 내치는 사회. 그 속에서 아이는 점점 자존감을 잃고, 가능성을 닫아버린다. '안 된다'는 말이 얼마나 위험한지, 나는 누구보다 잘 안다.

나는 어릴 적부터 비장애인 친구들보다 두 배, 어떨 때는 세 배로 더 노력했다. 공부도, 발표도, 자격증도, 사람들 앞에 서는 것까지. '장애인은 무식하다', '쓸모없다', '불쌍하다'는 말들을 뿌리치기 위해 더 많이 배우고 더 많이 일했다. 나를 '불쌍한 사람'으로 보는 이들의 시선을 정면으로 마주하려면, 내 안의 작은 자존심 하나만으로는 부족했다.

이제는 세계보건기구 WHO도 '장애'를 새롭게 정의한다. ICF International Classification Functioning, Disability and Health 라는 국제 기능·장애, 건강 분류에서는 장애를 단지 신체 손상손이 없음만이 아니라, 활동의 제약혼자 식사하기 어려움과 참여의 제한직장 생활 어려움, 그리고 그것을 둘러싼 사회적 환경엘리베이터 유무과 개인적 요인적극적인 성격 및 다양한 경험 등까지, 포괄한다. 즉, 장애는 단지 개인의 문제가 아니라, 사회 구조와 문화, 제도가 함께 만들어내는 복합적 현상이라는 것이다.

나는 여전히 다섯 손가락으로 살아간다. 그 손으로 밥을 짓고, 글을 쓰고, 아이를 안는다. 때로는 아프고, 외롭고, 눈물이 났지만, 그 손으로 나의 길을 닦아왔다. 세상이 만든 높은 문턱과 차가운 시선 앞에서도 나는 내가 걸어온 길을 부끄러워하지 않는다.

장애는 결코 나를 정의하지 않는다. 오히려 나에게 언어가 되었고, 사람을 이해하는 마음이 되었으며, 편견을 꿰뚫는 눈이 되었다.

사람 사이에 존재하는 벽, 그것이 진짜 장애다. 그 벽을 허물기 위해, 다른 사람들과 더불어 살아가기 위해 나는 오늘도 사람들을 만나고 새로운 것을 경험하고 학습한다.

장애인의 반댓말은 없다

"여기 계신 분들은, 저처럼 장애가 있는 사람을 뭐라고 부르시나요?" 강의장에 들어서자마자 내가 던지는 첫 번째 질문이다.

1번. 장애자
2번. 장애인
3번. 장애우
4번. 병신

이 네 보기 앞에서 수강생들은 어색한 웃음을 띠며 망설인다. 그중 가장 많은 손이 올라가는 것은 '장애인'과 '장애우'다. '병신'이라고 적혀 있는 4번을 보고 키득거리는 학생도 있다. "아, 이거 어릴 때 많이 들었는데요." 하며 웃지만, 나는 웃지 않는다. 누군가에겐 그 단어가 아직도 생살이 베이듯 아픈 말이기 때문이다.

'장애인'이라는 표현은 1989년에야 비로소 법적 용어로 자리를 잡았다. 그 전엔 '장애자'라고 불렀다. 일본에서 가져온 말이었고, 그 '자者'라는 글자 안에는 은근한 낮춤의 뉘앙스가 숨어 있었다. 마치 일할 수 있는 사람은 노동자, 죽은 사람은 사망자처럼 '무언가 당한 사람'이라는 거리감. 그래서 '장애자' 대신 사람을 중심에 둔 '장애인'이라는 표현이 조금씩 뿌리를 내리기 시작했다.

1990년대 초, 초등학교에선 '장애우'라는 표현을 가르쳤다. 친구처럼, 우정의 '우友' 자를 붙여서. "장애인도 친구처럼 함께 살아가야 한다"는 교육의 의도였지만, 그 말 속엔 오히려 동정이 스며들어 있었다. 나는 강의 중에 이렇게 묻는다. "여러분은 자기소개할 때 '저는 장애우입니다' 하시나요?" 대답은 없다. 장애우라는 말은 일인칭으로 사용할 수 없는, 비장애인의 시선에서 만들어진 말이기 때문이다. 또 어른을 향해 '장애우'라고 부를 수 없는 것이 우리의 정서이기도 하다.

그리고 '병신'이라는 표현은 예전에 내가 거리에서도, 학교에서도 쉽게 듣던 표현으로, 내겐 참 잔혹한 표현이다. 그러나 요즘 젊은 세대들은 애칭처럼 쓰는 표현이기도 하다. 나는 이런 표현이 누군가에게는 상처가 될 수 있기 때문에 이제는 멈추었으면 한다. 언어는 생각을 만들고, 생각은 결국 행동으로 이어지니까.

장애인의 정의는 무엇일까? 우리나라 장애인복지법에서는 "신체적, 정신적 손상으로 인해 일상생활이나 사회생활에 상당한 제약을 받는 사람"을 장애인이라고 한다.

강의에서 두 번째로 던지는 질문이다.
"그렇다면 장애가 없는 사람을 우리는 뭐라고 불러야 할까요?"

1번. 정상인
2번. 일반인
3번. 비장애인
4번. 예비 장애인

'비장애인'에 가장 많은 손이 올라간다. 그러면 나는 또 정답이 2개라고 생각하시는 분은 없느냐고 묻는다. 거의 없다. 그러나 노인 인구가 증가하고 사회가 발달하면서 누구나 사고나 질병, 노화로 인해 장애인이 될 수 있기 때문에 '예비 장애인'이라는 표현도 옳은 표현이다. 2023년 기준으로 전체 등록 장애인의 88.1%가 후천적 장애인이라는 통계는 이 사실을 뒷받침한다.

'정상인'이나 '일반인'으로 생각하시는 분도 있다. 대부분 정상인이 보기에는 이런 식으로 얘기하는 분이 많은데, 만약 정상인이나 일반인으로 표현한다면 우리 장애인들은 다 '비정상인'이나 '비일반인'이 되기 때문에 이런 표현은 잘못된 표현이다.

세 번째로 나누는 이야기는 '장애 유형'이다. 1989년, 우리나라는 법적으로 지체, 시각, 청각, 언어, 정신지체 지금은 '지적 장애' 등 5가지 장애를 규정했다. 그 후 2000년대에 들어서며 뇌병변, 발달 장애 지금의 자폐성 장애, 신장, 심장, 정신 장애 등 점차 장애 유형이 확대되었고, 2003년엔 안면 장애, 창자 샛길·요루 샛길, 간 장애, 호흡기 장애, 뇌전증까지 포함하여 15가지 유형으로 정착되었다. 이 유형들은 다시 크게 신체적 장애와 정신적 장애로 나뉜다.

신체 외부의 장애엔 지체, 뇌병변, 청각, 시각, 언어, 안면이 포함되고, 신체 내부는 심장, 간, 신장, 창자 샛길·요루 샛길, 호흡기, 뇌전증으로 구성된다. 정신적 장애는 지적, 자폐성, 그리고 정신 장애 우울증, 조현병 등 까지 포함되어 있다. 2023년 기준으로는 지체 장애인이 전체의 43.7%로 가장 많았다.

또 하나 눈여겨볼 점은 등록 장애인의 53.9%가 65세 이상이라는 사실이다. 고령화 사회를 넘어 초고령 사회로 진입한 지금, 노인의 질병이나 사고로 인한 장애는 점점 더 흔해질 것이다. 장애는 어느 한

집단의 문제가 아닌, 우리 모두의 문제인 시대가 온 것이다.

나는 그래서, 이 질문들로 강의를 시작한다. 올바른 표현을 알고 쓰는 일은 단지 말의 문제가 아니라, 시선의 문제라고 믿기 때문이다. 장애를 향한 우리의 언어가 조심스럽고 따뜻해질 때, 우리는 비로소 함께 살아가는 문을 열 수 있다.

이 작은 변화의 시작이, 누군가에게는 세상을 다르게 바라보게 하는 첫걸음이 되기를. 그리고 그 걸음 끝에, '장애인의 반대말은 없다'는 사실을 자연스럽게 받아들이게 되기를, 조용히 바란다.

한쪽 다리로도
인생은 춤출 수 있어

    절단되었거나 근육병이 있거나 신체가 변형되거나 왜소증 등 다양하고도 복잡한 몸의 불편함이 있는 모든 장애가 '지체 장애'라는 하나의 큰 우산 아래 모인다. 나는 이 우산 속 사람들과 오래도록 어깨를 맞대고 살아왔다.

    우리나라는 1960년대에 소아마비 바이러스에 감염되는 사람들이 많았다. 우리 남편도 세 살 무렵 소아마비 바이러스에 감염되어 걷지를 못하니 어머님이 업고 전국을 다니며 침을 맞히는 등의 노력 끝에 학교에 들어갈 때쯤 걷게 되어, 1년 늦게 초등학교에 들어갈 수 있었다. 소아마비로 인해 두 다리는 얇디얇았다. 그 다리로 이동반경이 넓은 물리치료실에 근무하다 보니 발뒤꿈치에는 항상 굳은살이 박혀 있었다. 굳은살이 박혀 있는 다리를 보면 마음이 아파, 퇴근한 남편의 다리를 어루만지며 무거운 하루를 풀어주곤 했는데, 손을 대면 아프다는 소리는커녕, 오히려 미안한 눈빛으로 웃던 남편의 얼굴이 아직도 내 눈에 선하다.

절단 장애도 있다. 나는 태어날 때부터 왼손이 없었다. 그러니 나는 장애라는 말을 몸으로 배운 사람이다. 밥을 먹을 때도, 머리를 빗을 때도 남들에겐 아무렇지 않은 동작 하나하나가 내겐 훈련이었고, 고비였다. 하지만 덕분에 누구보다 더 빨리 '적응'이라는 기술을 배웠다.

절단 장애인인 기현 언니는 나에게 언제나 큰 언니 같은 존재였다. 언니는 냉온수기 공장에서 일하다 프레스 사고로 손가락 세 개를 잃었다. 절망을 끌어안고 허물어질 법도 했지만, 언제나 긍정적이고 유쾌한 기현 언니는 자신의 재능에 맞게 보험업에 도전했고, 지금은 '보험의 여왕'이란 별명을 얻었다. 언니와 나는 서로의 불편함을 말하지 않아도, 눈빛 한 번이면 다 아는 사이이며, 언니는 장애를 기회로 바꿔낸 멋진 사람이다.

오토바이 사고로 한 다리를 잃은 영환 씨 이야기도 기억난다. 인간극장에서 봤던 「한 발의 사나이」. 의족을 달고 마라톤에 도전하고, 스키를 배우고, 살아 있다는 사실을 온몸으로 표현하는 그의 모습은 감동을 넘어 존경심을 일게 했다. 기술의 발달이 장애를 이기게 한 것도 있지만, 결국 삶의 방향을 정한 것은 그 자신의 용기였다.

근육병은 또 다른 세계다. 근육이 점점 약해지고 위축되는 근이양증, 전신이 점점 굳어가는 루게릭병 등은 병에 걸리면 언젠가는 스스로 숨쉬는 것조차 어려워진다. 하지만 그 병을 앓으며 우주의 비밀을 풀어낸 사람이 있었다. 스티븐 호킹 박사. 「사랑에 관한 모든 것」이라는 영화 속에서 그를 연기한 배우의 눈빛은, 움직일 수 없어도 우주를 꿰뚫는 듯한 강렬함을 담고 있었다.

피터 딘 클리지는 왜소증 장애인이라는 이유만으로 난장이와 같은 비중 없는 배역만 주어졌다. 그러자 그는 왜소증 장애인이지만 영향력 있는 배우가 되고 싶어 베닝턴 대학에 들어가 연기를 전공한다. 그러나 오히려 "네 몸으로는 절대 주인공은 할 수 없다." 는 청천벽력 같은 말을 듣게 되고 한때 실의에 빠지기도 한다. 그러나 그는 거기서 주저앉지 않고 편견을 바꾸기 위해. 영향력 있는 사람이 되기 위해, 죽을 힘을 다해 연기하던 어느 날 그의 인생을 바꾸어 주는 인생작 「왕좌의 게임」을 만나게 된다.

그는 드라마가 방영되는 8년 동안 에이미상을 4번이나 수상하며 역사상 남우조연상 최다 수상자라는 진기록을 보유하며 그가 꿈꾸던 대로 영향력 있는 사람이 된다. 나도 50이 넘는 지금까지 영향력 있는 사람이 되기 위해 끊임없이 노력했다. 나는 꼭 '피터 딘 클리지' 처럼 영향력 있는 사람이 될 것이다.

척수 장애. 아는 업체 사장님의 아들이 대학을 갓 졸업하고 납품 일을 맡게 되었을 때, 나는 그 듬직한 청년의 앞날이 창창할 것으로 생각했다. 그런데 며칠 뒤 들려온 소식은 날벼락 같았다. 친구들과 호수에 놀러 갔다가 다이빙 중 목을 다쳐 사지 마비가 된 것이다. 사장님의 굳은 표정이, 아무 말 없이 건넨 한숨이 얼마나 무거웠던지. 척수 손상은 몸 전체를 마비시키기도 한다. 의자에 종일 앉아 있어야 하기에 욕창이 생기기 쉽고, 배뇨나 체온 조절조차 어려워진다.

의료기 일을 하며 알게 된 일인데, 오래 누워 있는 근육병이나 척수 장애인들은 욕창에 시달린다. 에어매트리스, 멸균 거즈, 핀셋… 작은 도구들이 삶의 질을 결정짓는다. 보호자들은 아랫도리를 걷어 통풍을 시키고, 자주 자세를 바꿔주며 그들을 지킨다. 더운 여름엔 특히 더 고생이 많다.

하지만 영화 「언터쳐블: 1%의 우정」에서 보듯, 장애를 대하는 태도가 사람을 살린다. 간병인 드리스는 척수 장애인 필립을 불쌍한 존재로 보지 않았다. 친구로, 남자로 대했다. 그 우정은 필립을 다시 사랑하게 만들었고, 드리스를 책임감 있는 가장으로 만들었다. 이 영화가 사랑받은 이유는, 웃음과 눈물이 공존하는 이야기이기 때문만은 아닐 것이다. 장애를 특별한 것이 아닌 '그저 다른 삶'으로 보게 해주는 그 시선 덕분이다.

그렇기에 우리는 장애인을 도와줄 때도 조심해야 한다. 내가 뷔페식당에서 식판을 들고 있을 때, 누군가가 다짜고짜 식판을 덥석 잡았을 때 나는 기겁했다. 돕고 싶다면 먼저 물어봐야 한다. "도움이 필요하신가요?" 이 짧은 말 한마디가, 상대의 자존감을 지켜준다.

장애인은 피로도 빨리 온다. 나도 낮에 10분씩 엎드려 쉬지 않으면 버티기 어렵다. 밤 9시만 되어도 잠에 드는 날이 많다. 하지만 피곤한 몸에도 불구하고 살아 있다는 것에 감사하며 오늘도 한 걸음 내디딘다.

천안인생극장에서 감명 깊게 본 영화 중 하나가 1956년 제작된 안소니 퀸 주연의 「노틀담의 꼽추」다. 한쪽 눈은 잘 안 보이고, 성당 종을 치다 귀는 멀었으며, 등에 혹이 솟은 곱추인 콰지모도는 그의 기형적인 외모로 인해 멸시와 고독 속에 살아간다. 그리고 부주교 프롤로의 모함으로 위기에 빠지게 되고, 벌을 받으며 타는듯한 갈증을 호소하지만, 그 누구도 물 한 모금 주지 않는다. 그때 아름다운 에스메랄다가 준 물 한 모금은 그가 태어나서 처음으로 인간 대접을 받아 본 경험이었을 것이다. 그 후 콰지모도는 진정으로 에스메랄다를 사랑하게 되고 그녀가 위기에 처했을 때 자신의 몸을 바쳐 구해주려고 하지만 결국 그녀는 죽게 된다. 마지막에 그녀를 너무 사랑한 콰지모도는 그녀 옆에서 죽음을 맞이한다.

사람은 자신이 받은 사랑을 다른 사람에게 전할 줄 안다. 「노틀담의 꼽추」에서 콰지모도는 자신이 받은 물 한 모금에 대한 보은으로 에스메랄다에게 아낌없이 주는 나무처럼 아낌없는 사랑을 준다.

나는 우리를 동정이 아닌 동행의 시선으로 바라봐주기를 바란다. 우리가 필요로 하는 것은 연민이 아니라 이해이고, 시혜가 아니라 존중이다. 우리는 다르지만, 같은 하루를 산다. 어떤 이는 두 다리로, 어떤 이는 한 다리로, 또 어떤 이는 의자에 앉아 오늘도 삶이라는 춤을 춘다. 나는 그 춤이 더없이 아름답다고 믿는다.

장애는 사회가 만든
또 하나의 경계였다

　장애는 특별한 일이 아니다. 살면서 한 번쯤 크게 다쳐본 사람이라면 평소엔 당연했던 계단 오르기가 얼마나 큰 벽처럼 느껴지는지를 안다.
　나도 그랬다. 19살 고등학교 졸업 후, 컴퓨터 부품 부업을 하다보니 허리와 무릎연골이 손상되어 걷기 힘든 상태가 되었다. 그렇게 한쪽 다리를 절며 병원을 드나들던 시절, 버스에 오르는 일조차 작은 모험 같았다. 그 순간 이 사회는 '건강한 사람들'을 중심으로 만들어져 있다는 것을 깨달았다. 그때부터 내 안에 다섯 개의 창이 열렸다 경험과 의문이 겹치면서 장애를 바라보는 서로 다른 시선이 생겼다.

　첫 번째 창은 장애란 무엇인가에 대한 근본적인 물음에서 열렸다.

의학은 장애를 '신체적·정신적 기능 손실'이라고 정의한다. 행정에서는 지체, 시각, 청각, 언어, 발달 등 15가지 유형으로 나눈다. 하지만 나는 '장애'라는 단어 안에 기능 손실을 넘어선 더 넓고 깊은 세계가 담겨 있다고 생각한다.

장애는 단순히 어떤 기능이 떨어졌다는 뜻이 아니다. 그보다 '이 사회가 그것을 감당하지 못할 때 비로소 드러나는 불편함'일 수도 있다. 예컨대 휠체어를 탄 사람이 지하철에 접근할 수 없다면, 그건 그 사람의 문제인가, 아니면 엘리베이터가 없는 역의 문제인가. 장애는 어떤 면에선, 사회구조가 만든 불편함을 비추는 거울일 수도 있다.

두 번째 창은 노화와 질병, 그리고 장애의 경계다. 노인이 된다는 건, 조금씩 느려지고 조금씩 약해지는 일이다. 하지만 그 속도와 정도는 사람마다 다르다. 누군가는 관절염으로 보행이 힘들고, 누군가는 당뇨 합병증으로 시야가 흐려지고, 또 누군가는 치매로 기억을 잃는다. 그렇다면, 이들은 단지 '늙은 사람'일까? 아니면 '장애가 있는 사람'일까?

법은 만 65세를 기준으로 장애인 등록을 제한한다. 이 나이를 넘긴 사람은 아무리 불편해도 장애인이 아니라 노인으로만 분류된다. 그러나 그들은 여전히 누군가의 손이 필요하고, 도움 없이는 일상생활이 어려운 존재들이다. 나는 그 틈에서, 노인성 질환과 장애가 단절된 게 아니라 '연속선' 위에 있다는 사실을 깨달았다.

세 번째 창은, 우리가 '장애인'을 바라보는 방식이다. 장애인을 떠올릴 때, 사람들은 흔히 '불쌍하다', '돕고 싶다', 혹은 '피곤하게 한다'는 감정을 동시에 가진다. 그건 선의이기도 하고, 무지이기도 하다. 이런 감정은 때론 호의처럼 보이지만, 장애인을 하나의 대상으로만 여기는 시선일 수도 있다. 진짜 중요한 건, 그 사람이 어떤 장애가 있느냐가 아니라 그 장애가 있을 때, 어떤 삶을 살아가고 있느냐는 것이다.

나는 병원과 요양원, 그리고 가정에서 수많은 장애가 있는 사람들을 만났다. 그들은 누군가의 아들이었고, 엄마였으며, 친구였고, 사랑을 품은 사람이었다. 장애는 삶의 일부일 뿐이지, 삶의 전부는 아니었다.

네 번째 창은, 언어에 대한 고민이다. 우리는 너무 쉽게 누군가를 '장애인'이라 부른다. 또는 그 말이 불편하다며 '장애우', '장애가 있는 분'이라고 돌려 말한다. 하지만 진짜 필요한 건 단어의 포장보다, 그 말 안에 담긴 인식이다. 장애인은 불쌍한 존재도, 보호받아야만 하는 대상도 아니다. 필요한 지원을 받으며, 자기 삶을 스스로 결정할 수 있는 주체다. 그래서 '장애인'이라는 말은, 존중을 담은 호칭일 수 있어야 한다. 치매 역시 마찬가지다. '치매 환자'라는 말보다 '인지 기능에 어려움이 있는 어르신'이라는 말이, 그 사람을 훨씬 따뜻하게 품는다. 단어 하나가 사람을 살리고, 또 죽인다. 그래서 나는 늘 말을 조심하려 한다. 말이 곧 마음이기 때문이다.

다섯 번째 창은, 장애와 함께 살아가는 사회다. 장애는 극복의 대상이 아니다. 마찬가지로 연민의 대상도 아니다. 장애와 함께 살아간다는 건, 나와 조금 다른 이들의 불편을 함께 이해하고, 그들의 삶이 존중받을 수 있도록 사회가 설계되는 것이다. 장애인 주차구역을 지키는 일, 휠체어가 다닐 수 있도록 공간을 배려하는 일, 지하철 안내방송을 시각과 청각으로 동시에 제공하는 일. 이 모든 작은 실천들이 모여야, 진짜 '장애 포용 사회'가 된다.

나는 장애를 단지 법률 용어나 행정적 분류가 아닌, 사람과 사람 사이 이해의 언어로 받아들이는 세상이 오기를 바란다. 누구나 언제든 장애가 생길 수 있다. 그러니 장애는 '남의 일'이 아니라 '나의 일'이 될 수 있다. 그 깨달음이 깊어질 때, 우리는 비로소 함께 살아갈 준비를 하는 것이 아닐까.

일은 누구에게나
삶의 원동력이다

어느 날이었다. 마흔이 넘은 딸을 품에 안고 주름진 손으로 등을 토닥이며 "우리 애는 커서 결혼은 할 수 있을까, 자기 밥벌이는 할 수 있을까, 내가 하루만이라도 더 살아야 할 텐데……." 하고 혼잣말하는 어머니의 눈빛을 본 적이 있다. 그 눈빛에는 천 번도 더 곱씹었을 노파심과, 이미 수십 번 마음속으로 딸보다 늦게 죽겠다고 다짐했을 애틋함이 서려 있었다. 그날 나는 내가 장애인이라는 사실보다도, 누군가에게 걱정이 되는 존재라는 것이 더 무겁게 다가왔다.

우리 엄마도 그랬다. 내가 아장아장 걷기 시작했을 때부터 늘 내 어깨에 손을 얹고 말했다.

"크지 마라, 크지 마라. 엄마랑 평생 같이 살자."

나는 그게 무슨 소린가 싶어, 빨리 어른이 되어 돈도 벌고, 남들처럼 화장도 하고, 이 세상을 자유롭게 살아가고 싶었다. 그런데 시간이 흘러 나도 엄마가 되고 나니 그 말이 무슨 뜻이었는지 비로소 알 것 같다. 이 세상은 장애가 있는 아이를 둔 엄마에게, 아이가 자립한다는 게 곧 기적이기 때문이다.

어느 날, 사람들에게 '일'이란 어떤 의미인지 궁금했다. 그래서 지인 오십 명에게 카톡을 보냈다.

'당신에게 일은 무엇인가요?'

가장 많이 돌아온 대답은 '삶의 원동력'이었다. '삶의 활력소'라는 말도 있었다. 그 말들이 내게는 한편으로 위안이 되었다. 장애가 있는 나만 '일'에 목매는 게 아니라는 사실이. 그리고 또 한편으론 다짐이 되었다. 일이란, 누구에게나 삶의 이유이자 버팀목이란 걸 증명해 보여야겠다고.

나에게 일은 그야말로 생명이었다. 남편이 세상을 떠났을 때, 하루에도 몇 번씩 죽고 싶었다. 잠든 아들을 보며 조용히 목 놓아 울던 밤도 많았다. 그런데 그때도 내가 살 수 있었던 건, 바로 일이 있었기 때문이었다. 아침이면 울다 말고 세수하고 옷을 갈아입고, 약속된 시간에 출근해서 사람들을 만나고, 무언가를 해야 했다. 그래서 나는 살아남았다.

그날 이후, 하나님께 기도했다.
"죽기 전날까지 일하게 해주세요."

지금도 나는 그런 기도를 한다. 일은 나의 생존이고, 나의 정체성이며, 삶에 대한 최소한의 자존심이기 때문이다. 일은 단순히 돈을 버는 수단이 아니다. 사람들과 어울리는 장소이고, 내가 세상에 필요하다는 걸 확인하는 자리이며, 나라는 사람이 누구인지 끊임없이 묻고 대답하게 하는 것이다. 일터는 밥벌이의 공간이자 소통의 공간이고, 무엇보다도 자아실현의 공간이다. 꿈이라는 말을 너무 오래 입에 올리지 못했던 사람에게도, 일은 꿈을 다시 꿀 수 있는 유일한 방법이 된다.

그런데 우리나라 전체 상시근로자 대비 장애인 상시근로자 비율은 고작 1.55%에 불과하다. 2024년 기업체장애인고용실태조사 내가 그 수치를 처음 봤을 때, 마음속으로 "그럴 줄 알았다."고 중얼거리면서도, 왜 이렇게 가슴이 무너졌는지 모르겠다. 왜 장애인들은 이렇게도 일하기가 힘든 걸까. 고용주들은 말한다. 적합한 직무가 없다, 생산성이 낮을 것 같다, 편의시설 마련이 부담된다, 인사관리가 어렵다, 기존 직원들이 불편해할 수 있다……. 그리고 그 모든 말의 이면에는 단 하나의 문장이 숨어 있다.

"우리는 장애인을 고용하고 싶지 않다."

30대 초반 청각 장애인 김영미 씨는 수차례 면접에서 퇴짜를 맞았다. 말이 어눌하다는 이유로, 듣지 못한다는 이유로. 장애인 우대 공고에 지원했지만 "장애인이 어떻게 일하냐?"며 매번 면접에서 거절당했다. 어렵게 공공기관에 입사했지만, 직원들의 눈총에 버티지 못하고 2주 만에 일을 그만뒀다. 자립이 꿈이었던 그녀는 "장애인도 살아야죠. 하지만 취직이라는 한마디가 저에게는 언감생심이네요." 하는 말을 남기며 결국 취업을 포기했다.

우수한 성적으로 대학을 졸업한 뇌병변 1급 이성은 씨도 마찬가지였다. 정신건강심리사가 되고 싶었던 그녀는 장애인을 우대한다는 기업 일곱 곳에 지원했지만, 면접조차 보지 못했다.

결국 장애인들이 선택할 수 있는 일자리는 단순노동을 주로 하는 장애인보호작업장뿐이었다. 하지만 작업 능력에 따라 임금 수준을 결정하기 때문에 주 40시간을 일해도 최저임금의 20~30%밖에 받지 못하는 것이 현실이다. 누구도 장애인이 되고 싶어 된 것이 아니다. 이런 현실 속에서 어떤 부모가 마음 편히 자식을 키울 수 있겠는가.

물론 나라에서도 가만히 있는 것은 아니다. 장애인 고용을 촉진하기 위해 법으로 상시 근로자 수 50인 이상의 기업은 일정 비율 이상의 장애인을 고용하도록 정한 '의무 고용제도'2025년 공공기관: 3.8%, 민간기업: 3.1%가 있다. 이를 어기면 '미고용 부담금'을 내야 한다. 하지만 이마저도 허울뿐이다. 장애인 고용 의무가 있는 기업체 10곳 중 3곳 이상이 장애인을 고용하지 않은 것으로 나타났고, 10곳 중 1곳은 장애인 미고용 시 부담금을 내야 하는 대상임에도 장애인을 고용하지 않았다. 이렇게 장애인을 고용하지 않아 내는 미고용 부담금은 한해 9,000억 원에 달한다.

또한 장애인을 인턴으로 2.3개월씩 돌려쓰며 숫자만 채우는 경우도 많고, 서류상으로만 장애인을 채용해 재택근무 명목으로 방치하는 등, 고용이라는 이름 아래 온갖 편법이 성행하고 있다. 심지어 장애인 고용을 대신해 준다는 브로커들까지 판을 친다니, 이게 과연 제대로 된 사회인가 싶다.

나는 꿈꾼다. 장애인이 세금을 받는 존재가 아니라, 세금을 내는 존재로 살아가는 세상을. 누군가에게 보호받아야만 살아갈 수 있는 존재가 아니라, 스스로 살아갈 수 있는 존재로 성장하는 사회를. 그러기 위해서는 장애인의 자립을 위한 기반이 마련되어야 한다. 그 시작은 바로 '일자리'다.

물론, 중증장애인의 경우 활동지원사나 근로지원인의 도움 없이는 일터에 나가는 것조차 어려울 수 있다. 하지만 그들도 일할 수 있다. 단지 방식이 다를 뿐이다. '스스로 살아간다'는 말은, 혼자 살아가라는 뜻이 아니다. 적절한 지원을 통해 자립할 수 있는 환경을 마련해주는 것, 그게 바로 우리 사회가 해야 할 일이다.

장애가 있든 없든, 사람은 누구나 자기 몫의 일을 하며 살아가고 싶어 한다. 내 손으로 번 돈으로 커피 한 잔을 사고, 옷을 사고, 누군가에게 작은 선물을 건넬 수 있을 때 느껴지는 그 '존재감'. 그게 바로 인간의 품위다.

언젠가, 내 아들도 나에게 이렇게 말한 적이 있다.
"엄마는 왜 그렇게 일을 열심히 해?"

나는 잠시 생각하다가 대답했다.
"엄마는 누군가의 짐이 되고 싶지 않거든."

그 말이 끝나기도 전에 아이는 나를 꼭 안으며 말했다.
"엄마는 짐이 아니라, 내가 제일 자랑스러워하는 사람이야."

그 순간 나는 깨달았다. 일을 한다는 건 단순히 생존의 수단이 아니라, 내 아이에게, 내 가족에게, 그리고 나 자신에게 자랑스러운 존재로 살아가기 위한 유일한 길이라는 것을. 그래서 나는 오늘도 기도한다.

"죽기 전날까지, 나에게 일이 있게 해주세요."

이동은
곧 생명이다

　장애인 이동권 운동이란, 장애인이 일상생활에서 비장애인과 같이 버스나 지하철과 같은 대중교통을 이용해서 이동할 수 있는 권리를 보장받기 위한 사회 운동을 말한다.

　김순석 열사는 1952년 부산에서 태어나, 5살 때 소아마비 후유증으로 한쪽 다리를 절게 된다. 18세가 되던 1970년 서울로 올라와 금은세공 공장에서 기술을 배워 공장장이 되고 얼마 후 결혼해 아들을 낳는다. 기쁨도 잠시 1980년 10월 교통사고로 두 다리를 잃고 중증 장애인이 된다. 그렇지만 좌절하지 않고 3년이라는 긴 투병 생활을 이겨내고 손재주가 뛰어났던 김순석 열사는 액세서리 공장을 차린다.

　머리핀, 목걸이, 반지 등의 액세서리를 정성스럽게 만들어 남대문 시장에 팔기 위해 수동 휠체어를 직접 몰고 나섰지만 지하철도, 버스도 탈 수 없었고 택시를 잡으려고 했지만, 택시는 잘 태워주지 않았다. 할 수 없이 목숨 걸고 차도로 수동 휠체어를 운전해 간신히 남대문 시장에 도착해 발 디딜 틈 없는 시장 골목길을 비집고 들어서면, 그때마다 장애인이라는 이유 하나만으로 "야. 이 병신아 저리 가라. 재수 없게끔. 뭘 얻어먹으려고 여기까지 왔어." 사람들의 모멸과 무시가 이어졌다. 그래도 가장으로 가족들을 책임져야 한다는 생각 하나만으로 액세서리 상점을 찾아가면 물건도 보기 전에 거절하거나, 무조건 가격을 깎았을 뿐만 아니라, 납품 후에는 결제도 제대로 해주지 않았다.

　돈 벌어 아내와 아들에게 맛있는 것도, 예쁜 옷도 사주고 싶었지만 아무리 노력해도 휠체어 장애인이 설 곳은 그 어디에도 없었다. 휠체어 장애인은 허기져도 들어가 맘 편히 밥 먹을 식당도, 아니 물 한 모금 마실 곳도 없었고, 변을 볼 곳은 더욱이 없었다. 인간이 살아가는 데 가장 기본적인 욕구인 먹고, 싸고 할 곳이 없었다.

　"시장님, 왜 저희는 골목골목마다 박힌 식당 문턱에서 허기를 참고 돌아서야 합니까. 왜 저희는 목을 축여줄 한 모금의 물을 마시려고 그놈의 문턱과 싸워야 합니까." 김순석 열사 유서의 일부분이다 김순석 열사는 결국 "서울 거리의 턱을 없애 달라"는 유서를 남긴 채 1984년 9월 생을 마감한다. 이것이 우리나라 장애인 이동권 문제를 제기한 최초의 목소리였다.

　이 글을 보며 나는 많은 것을 공감할 수 있었고, 가슴이 턱 막히면서 그냥 눈물이 주르르 흘렀다. 정말 이 당시에는 지하철에 엘리베이터도, 버스도, 전동휠체어도, 길을 알려주는 스마트 폰도 그 어느 것도 없었다. 택시 밖에는 없었는데 택시는 비쌌고, 장애인들은 재수 없다고 잘 태워주지 않았을 뿐만 아니라 소금을 뿌릴 정도였다.

　그 후 장애인 이동권 운동은 2001년 오이도역 리프트 사고로 한 명이 사망하고 한 명은 중상을 입으면서 본격적으로 시작되었다. 그 뒤에도 발산역(2002년), 신연수역(2006년), 화서역(2008년) 등에서 리프트 추락사고로 사망과 중상이 이어졌으며, 2017년에 신길역에서 또 한 명의 장애인이 리프트 추락으로 숨졌다. 이들은 모두 '엘리베이터 하나'가 없어서 목숨을 잃은 사람들이다.

　서울 시내 지하철역에 엘리베이터가 거의 다 설치되어있는데, 왜 장애인들은 이동권 운동을 계속할까? 엘리베이터가 있어도 고장 나기 일쑤고, 출구에서 승강장까지 한 번에 연결되지 않는 경우도 많다. 또 한 역 안에서 엘리베이터를 두 번, 세 번 갈아타야 하거나, 어떤 곳은 전혀 접근이 안 되는 출입구도 있다. 그것은 이동이 아니라 미로를 찾는 모험에 가까운 여정이다.

가장 대중적인 교통수단인 버스는 상황이 더 나쁘다. 국토교통부 자료에 따르면 [2023년 기준] 전국 평균 보급률은 38.9%로 서울 [66.7%], 대구 [46.5%], 세종 [46.4%], 강원 [41.9%], 대전 [39.7%] 순이였고 그외 지역은 20%로도 채 되지 않았다. 배차 간격을 보면 서울은 14분, 경기는 24.5분, 인천은 31.9분이었고, 저상버스 보급률이 가장 낮은 울산 [14.6%] 은 배차간격이 95.2분에 달했다. 저상버스 한 대를 놓치면 최대 1시간 30분을 넘게 기다려야 했다. 현실이 이렇다 보니 장애인들은 매일 아침 '오늘은 탈 수 있을까'를 걱정하며 정류장에 나서야 했고, 더 큰 문제는 저상버스가 있어도 기사나 시스템이 장애인 탑승을 외면하거나, 고장으로 작동하지 않는 경우가 많았다. 그뿐만 아니라, 고속버스는 저상버스가 단 1대도 없다.

장애인 전용 콜택시 상황을 보면, 180명당 1대꼴로 한 번 타기 위해서는 48분에서 3시간 이상을 기다려야 할 정도로 지체 장애인 수요를 채우기엔 현저히 부족한 실정이다. 그뿐만 아니라 서울시 장애인 콜택시를 타고 서울 권역 밖으로 이동할 수 없고, 경기도 장애인 콜택시 역시 경기도를 벗어날 수 없다. 장애인 콜택시를 타고 이동하려면, 지역 경계에서 내린 뒤 다시 또 48분~3시간 이상을 기다려서 택시를 잡아야 한다.

어느 날 시내버스에서 휠체어를 탄 승객이 승차하는 장면을 목격했다. 버스 기사는 퉁명스럽게 리프트를 작동시켰고, 승객은 아무 말 없이 올라탔다. 차 안의 시선은 싸늘했고, 어떤 이는 "왜 이런 시간에 타서 늦게 만들어." 하며 혀를 찼다. 나는 그런 눈빛들을 마주하며 마음이 시렸다. 장애인은 아무것도 말하지 않았지만, 그의 등은 아주 작게 웅크려져 있었다.

우리 사회는 '배려'라는 이름으로 여전히 차별을 정당화한다. 법은 장애인의 이동권을 명시하지만, 제도는 현실에 도달하지 못하고 있다. 공공기관은 '단계적 확충'을 말하지만, 장애인의 시간은 언제나 '지금'이고, 그들에게 '나중'은 너무 먼 말이다.

2025년 기사 「투명인간의 도시가 되지 않으려면」을 보면, 1층에 위치한 식당과 카페, 편의점 가운데 경사로가 설치되거나 턱이 없어 휠체어로 출입할 수 있었던 곳은 50곳 중 5곳에 불과했다. 모든 것이 비장애인 기준에 맞추어져 있는 우리나라는 41년 전 "서울 거리의 턱을 없애 달라." 하는 유서를 남기고 떠난 김순석 열사의 바람에도 불구하고 여전히 턱이 존재한다.

배리어 프리 Barrier Free 는 '장애물 없는' 세상이라는 뜻으로 건물

입구에 경사로와 엘리베이터를 설치하여 휠체어 이용 장애인, 유모차를 운전하는 사람, 노약자 등이 모두 쉽게 이동할 수 있으며, 영화를 볼 때 자막을 넣어 청각 장애인도 쉽게 이해할 수 있을 뿐만 아니라, AAC와 같은 보완대체의사소통을 이용해 발달 장애인과도 쉽게 의사소통을 할 수 있도록 모든 사람이 불편함 없이 동등하게 사회생활에 참여하고 살아갈 수 있는 세상을 의미한다.

2021년 7월 2일 대한민국은 개발도상국에서 선진국으로 승격했다. 그런데 창피하게도 '장애인 이동권'이라는 말은 세계 어느 나라에도 없다. 우리나라밖에 없는 말이다. 이동권 보장은 단순한 '편의 제공'이 아니다. 그것은 장애인이 병원에 가고, 학교에 가고, 일하러 나갈 수 있는 기본적인 권리로 '이동은 곧 생명'이다.

나도 사회에
꼭 필요한 사람이다

    템플은 1947년 태어나 2살 때까지 말을 못 하자 그녀의 엄마는 그녀를 의사에게 데려갔고 의사는 '소아 정신병의 일종인 자폐증'이라고 진단하며, 아이가 평생 말을 못 할 것이니 특수시설로 보내라고 했다. 그러나 그녀의 엄마는 그 말을 믿지 않았고 템플을 끝까지 가르쳤다. 엄마의 끊임없는 노력에 템플은 결국 4살 때 말할 수 있었다.
    템플이 말을 하자 엄마는 학교에 보냈다. 그러나 자폐 장애인의 특징인 상호작용의 어려움으로 인해 친구들에게 놀림을 받게 되고 이에 화가 난 템플은 한 아이를 때리게 된다. 그로 인해 퇴학을 당하지만, 템플의 엄마는 포기하지 않고 템플이 적응할 만한 학교를 찾아 보낸다. 그곳에서 그림으로 생각하는 템플의 뛰어난 시각적 재능을 알아본 칼락 선생님을 만나게 되고 공부에 흥미를 느낀 템플은 대학에 진학한다.

템플의 엄마는 자폐 장애인인 템플이 혼자서도 세상을 살아갈 수 있도록 공부뿐만 아니라 시간을 지키는 법, 파티에서 식사하는 법, 가게에서 물건을 사고파는 법 등을 가르쳤고, 여름 방학에는 이모네 농장에서 일을 배우게 했는데, 농장에서 일하면서 템플은 자신이 동물들을 좋아할 뿐만 아니라 동물들과 교감 능력이 뛰어나다는 것을 깨닫게 된다. 이러한 경험으로 템플은 대학원에서 동물학을 배운다. 이때 그림으로 생각하는 자신의 뛰어난 시각적 재능을 살려 동물들의 이동 경로에 가장 적합하고 효율적인 도축시스템을 만든다.

이 도축시스템은 현재 미국 농장이 60% 이상 채택할 정도로 축산업에 혁신적인 공헌을 했으며, 이 시스템을 연구하고 만들어 석사, 박사 학위를 받았고 콜로라도 주립대학교 교수가 될 수 있었다. 그리고 자신의 경험담을 통해 많은 자폐 장애인들이 좋은 멘토들을 만나 세상 밖으로 나와 꿈을 펼칠 수 있도록 자폐 장애인인식개선 강사로 활동하고 있다.

템플의 이야기를 보고 내 머릿속에 '멘토와 정체성'이 떠올랐다. 정체성은 어떻게 형성될까?

우리는 사회적 동물이기 때문에 태어나면 부모님을 비롯해 다양한 사람들과 관계를 맺으며 살아간다. 그 과정에서 다양한 학습과 경험을 하게 되고 그러한 경험을 통해 멘토가 생기고 꿈 정체성 을 갖게 된다.

꿈은 내가 하고 싶은 일, 되고 싶은 사람이다. 초등학교 3학년 때 나는 선생님이 되고 싶었다. 우리가 학교 다닐 때는 체벌이 있었다. 초등학교 1학년 때 담임 선생님은 아이들이 조금만 잘 못해도 따귀를 때릴 정도로 무서웠다. 2학년 때 담임 선생님은 할아버지 선생님이었는데 아이들에게 별 관심이 없었다. 그런데 3학년 때 담임 선생님은 엄마 같았다. 70명이나 되는 아이들 하나 하나를 사랑으로 대했다. 코를 흘리면 닦아 주었고, 도시락을 싸오지 않은 아이들에게 본인 도시락을 먹였다. 그런 선생님을 보며 아이들에게 꿈과 사랑을 줄 수 있는 선생님이 되고 싶었다. 그러나 고등학교 때 공부를 못 해 대학을 못 갔으니 선생님은 될 수 없었다. 그러다 남편을 만나고는 물리치료사가 되고 싶었다.

정체성은 곧 내가 하고 싶은 일, 되고 싶은 꿈으로 다양한 사람과 관계를 맺으며 살아가면서 다양한 학습과 경험을 하게 되고 그 과정에서 멘토를 만나게 되면서 자연스럽게 정체성이 형성되고 변화한다.

지금은 「인생 한 컷 토크 한 잔」이라는 시네마테라피 프로그램을 진행하고 싶다. 장애인인식개선 강의를 하다보니, 동기부여 강의와는 다르게 그냥 의무적으로 듣는 형식적인 절차처럼 느껴졌다. 그래서 어떻게 하면 살아있는 장애인인식개선 강의를 할 수 있을까 고민했다. 그때 물리치료실에서 근무할 때가 떠올랐다.

물리치료실에 근무할 때, 교통사고로 온 환자는 처음에는 몸이 아팠지만 시간이 지나면서 우울증, 공황장애와 같은 마음의 병이 나타났다. 또, 사별 등으로 처음에는 우울증 등의 마음의 병이 시간이 지나면서 허리통증, 류마티스 관절염등의 몸의 병으로 나타난다. 몸과 마음이 같이 아파진다. 그리고 하루에 50명 이상의 사람들이 왔는데 다양한 사연들이 있었다. 그 사연을 들으며 이 분들의 건강에 도움을 줄 수 있는 방법이 무엇이 있을까 고민하다 다양한 영화를 보기 시작했다. 영화는 내가 경험해 보지 못한 것을 경함할 수 있었고 그런 간접 경험을 통해 나와 다른 삶을 공감은 못해도 동감은 할 수 있었다. 그 동감이 환자들의 아픔을 해결하는데 도움이 된다는 것을 배웠다.

우리 천안인생극장에서 학생들과 장애인 영화를 함께 보고, 같이 토론한다면 장애가 틀린 것이 아닌 잘못된 것이 아닌 얼굴이 다르듯, 이름이 다르듯 다른 것이구나를 자연스럽게 깨달을 수 있을거라는 생각이 든다. 무엇보다 영화는 나처럼 나는 '무엇을 잘할까', '무엇을 할 때 행복할까', '어떤 일을 할 때 존재감 있게 살아갈 수 있을까'에 대해 끊임없이 고민하는 사람들의 '정체성'을 형성하는데 도움을 줄 수 있어 장애인인식개선 강의에 있어 더 도움될 것 같다.

그러다 보면 선입견이 배제되면 장애인과 비장애인이 함께 더불어 살 수 있는 사회가 될 것이라는 확신이 든다. 이렇게 나는 전국을, 그리고 전 세계를 돌아다니며 내가 살아온 경험을 이야기하고 싶다. 그 경험을 듣고 많은 장애인들이 세상 밖으로 나와 자신들의 재능과 꿈을 펼치며 당당하게 세금 받는 장애인이 아닌, 세금 내는 장애인으로 세상을 살아가기를 바란다.

부록

장애의 종류

나는 장애를 단지 법률 용어나 행정적 분류가 아닌,

사람과 사람 사이 이해의 언어로 받아들이는 세상이 오기를 바란다.

지체 장애

정의와 특징 지체 장애는 우리나라 장애 유형 중에서도 가장 높은 비중을 차지한다. 신체의 일부를 잃은 사람^{절단장애}, 관절에 장애가 있는 사람^{관절장애}, 신체 기능에 이상이 있는 사람^{지체 기능 장애}, 몸이 변형된 사람^{변형장애}, 근육병을 앓고 있는 사람, 키가 작은 사람^{왜소증} 까지 모두 지체 장애에 해당된다. 그만큼 범위가 넓고 유형도 다양하다.

발생 원인 지체 장애는 소아마비처럼 유아기에 생기는 경우도 있지만, 요즘은 교통사고나 추락, 산업재해로 인한 후천적 원인이 많다. 또, 근육병이나 골형성부전증처럼 원인을 알 수 없는 경우도 있다.

대표 사례 2019년 5월 개봉한 영화「나의 특별한 형제」는 2살 때 척추를 크게 다쳐 머리 아랫쪽은 전혀 움직일 수 없는 지체 장애인

세하와 건강한 신체를 가졌고 수영실력은 뛰어나지만 지적 장애로 인해 혼자서는 대변 처리도 어려운 동구는 한 신부님이 운영하시는 복지원 책임의 집끝까지 살아가야 할 책임에서 만난다. 둘은 그때부터 아침에 눈을 뜨면 동구는 세하를 안고 화장실로가 같이 치아를 닦고 휠체어를 밀어 학교에 등교 시키는 등 세하의 손발이 되어주고 세하는 동구의 부족한 지능을 채워주며 둘은 부족함 없이 세상을 살아간다.

한자 사람인人은 혼자가 아닌 더불어 살아간다는 뜻을 갖고 있다. 이 영화는 실화를 바탕으로 만든 영화로, 장애인 혼자서는 자립해서 살아갈 수 없지만 부족한 부분을 보충해 준다면 함께 더불어 살 수 있다는 것을 보여준 좋은 영화가 아닐까라고 생각한다.

간단한 에티켓 휠체어 이용장애인에게는 "휠체어를 밀어드릴까요?" 처럼 먼저 도움이 필요한지 물어봐야 한다. 그리고 지적 장애인과 같은 발달장애인이 도전적 행동을 할 수 있다. 「나의 특별한 형제」에서도 동구가 수영장을 가고 싶은데 못가면 자기 머리를 박는 도전적 행동을 한다. 이렇게 도전적 행동을 할 때 무조건 제압할려고 하지 말고 무엇을 얘기하고 싶은가를 보아야 한다.

마무리 메시지 안경 쓴 사람은 장애인일까? 비장애인일까? 이 사람이 원시시대에 태어났다면 안경이라는 도구가 없기 때문에 보이지 않아 호랑이에게 잡혀 먹혔을지 모른다. 곧 장애인이다. 그러나 지금은 안경 덕분에 비장애인이 될 수 있는 것처럼 지체 장애인은 어디든 갈 수 있고 무엇이든 할 수 있는 편의 시설 _{경사로, 엘리베이터, 턱 없애기, 휠체어 등}이 갖추어지고 편견, 선입견이 제거된다면 더 이상 장애인이 아닌 비장애인으로 살아갈 수 있을 것이다.

뇌병변 장애

정의와 특징 뇌병변 장애는 뇌성마비, 뇌졸중, 외상성 뇌손상으로 나뉘며, 뇌에 손상을 입어 운동기능에 제한을 가지게 되는 장애다. 발생 시기로 보면 뇌성마비는 선천적 장애이고, 뇌졸중과 외상성 뇌손상은 후천적 장애로 분류된다.

뇌성마비는 근육 긴장으로 인한 강직, 경련, 경직, 구축 등 다양한 증상이 나타나며, 평생 지속되거나 악화될 수 있다. 증상의 형태에 따라 경직형, 불수의운동형, 혼합형으로 나뉘는데, 경직형은 뇌성마비의 70%를 차지하고 몸 전체가 뻣뻣해져 움직임이 어렵다. 불수의운동형은 손발이 떨리고 의지와 상관없는 움직임이 나타나는 유형이다.

발생 원인 뇌성마비는 임신 중 바이러스 감염, 출산시 산소 공급 부족, 출산 이후 뇌막염 등으로 인해 생길 수 있다. 뇌졸중은 뇌혈관이 막

히거나 터지는 질환인데, 85%는 뇌경색이다. 뇌졸중은 운동, 언어, 감각, 인지 등 다양한 기능 장애를 동반하며, 우뇌가 손상되면 좌측, 좌뇌가 손상되면 우측 마비가 온다. 최근에는 뇌졸중 발병 연령도 낮아지고 있다. 외상성 뇌손상은 교통사고, 산업재해, 낙상 등 외부 충격에 의해 발생하며, 사고 이후 후유증이 지속되는 경우가 많다.

대표 사례 뇌병변 장애인의 삶은 불편함 속에서도 각자의 방식으로 일상을 살아간다. 2015년 인간극장 「그렇게 부모가 된다」에서는 뇌병변 장애인 부부가 세 아이를 키우는 모습이 그려졌다. 이 프로그램은 뇌성마비 장애인에 대한 '지능에 문제가 있을 것이다', '아이는 낳을 수 있을까?', '집안일은 할 수 있을까?' 등등 다양한 편견을 깰 수 있는 좋은 프로그램이다.

영화 「나의 왼발」에서는 중증 뇌성마비 장애인 크리스티가 왼발 하나로 글을 쓰고 그림을 그리며 자서전을 완성하는 삶이 그려진다. 그의 삶을 지지해준 첫 번째 멘토는 바로 어머니였다. 어머니는 왼발밖에 움직일 수 없는 크리스티가 무엇이든 할 수 있다고 믿었다. 그 믿음 덕분에 크리스티는 형제들의 도움을 받아 축구를 했고, 글을 배웠고 석탄을 나르는 등 다양한 경험을 할 수 있었다. 그런 경험 덕분에 화가가 될 수 있었고, 작가가 될 수 있었다. 이렇게 편견과 선입견이 배제되고 다양한 경험을 할 수 있도록 좋은 멘토를 만난다면 뇌성마비 장애인도 꿈을 이룰 수 있다는 예를 보여준 좋은 영화다.

간단한 에티켓 뇌성마비 장애인은 언어 장애가 동반되는 경우가 많아 말을 알아듣기 어려울 수 있다. 그러나 그들의 지능에는 문제가 없는 경우가 많다. 그러므로 지능에 문제가 있을 것이라고 미리 판단하지 않아야 한다. 뇌졸중으로 실어증이 온 분들도 마찬가지다. 말에 조리가 없어 보여도, 그들의 의사를 존중해주는 태도가 필요하다. 또, 뇌병변 장애인은 신체 접촉에 민감해 갑작스럽게 손발이 경직되거나 균형을 잃기도 한다. 조심스럽게 다가가야 하며, 젓가락보다는 포크를, 음료는 빨대를 사용하는 배려가 필요하다. 그들이 사래에 걸리지 않도록 음식을 천천히 먹을 수 있도록 기다려주는 것도 중요하다.

마무리 메시지 뇌병변 장애는 단순히 걷기 어렵거나 손이 불편한 것에 그치지 않는다. 그 속에는 긴장, 통증, 오해, 노력, 그리고 가족의 헌신이 함께 들어있다. 「나의 왼발」의 크리스티처럼, 누구에게나 가능성이 있고, 그 가능성을 키워줄 '마음 있는 사람' 한 명이면 된다. 우리가 누군가의 그 한 사람이 되어줄 수 있다면, 장애는 더 이상 벽이 되지 않을 것이다.

시각 장애

정의와 특징　시각 장애는 시력, 시야, 색각, 광각, 굴절, 조절, 양안시 등 7가지 시각 기능의 이상으로 인해 일상생활에 어려움을 겪는 장애다. 일반적으로 시력 교정 후 시력이 0.02 이하이거나, 시야가 현저히 좁아지는 경우를 시각 장애로 분류한다. 시각 장애인은 완전히 앞을 보지 못하는 전맹도 있지만, 대부분은 색 구분이나 글자 확대 등이 가능한 저시력자다. 점자, 확대경, 흰 지팡이, 안내견, 음성변환기기 등 다양한 보조수단을 활용해 정보를 얻고 일상생활을 한다.

발생 원인　시각 장애의 원인은 외상, 중독, 감염, 안질환, 유전적 요인 등으로 다양하다. 과거에는 감염병이나 영양실조로 인한 시각 장애가 많았지만, 오늘날은 교통사고, 산업재해, 백내장, 녹내장, 망막질환 등 후천적 원인이 대부분이다. 출생 전후 실명 여부에 따라 선천성과 후천성으로 나누며, 교육적으로는 5세 미만 실명도 선천성으로 간주하기도 한다.

대표 사례   영화 「마이 블라인드 라이프」는 5%의 시력을 가진 주인공 살리가 비장애인들도 통과하기 어려운 5개의 관문을 통과하며 마침내 자신이 꿈꾸던 호텔리어가 되는 실화를 바탕으로 만들어진 영화다.

「레이」는 절대음감을 가진 시각 장애인 음악가의 삶을 보여준 영화다. 우리나라는 시각 장애인 대부분이 안마사 자격증을 취득한다. 그러나 시각 장애인 모두 안마사가 꿈은 아닐 것이다.

「천국의 속삭임」은 선천적 시각 장애인과 후천적 시각 장애인 아이들이 어떻게 색깔을 보고 느끼는지, 영화를 어떻게 감상하고 자신들의 꿈을 어떻게 펼칠 수 있는지를 보여준 좋은 영화라고 생각한다. 주인공 미르코는 좋은 멘토 돈 선생님 덕분에 유명한 음향 기사가 되었다. 이렇게 좋은 멘토를 만나고 다양한 경험을 통해 많은 시각 장애인이 자신들의 재능에 맞는 일을 할 수 있기를 바란다.

간단한 에티켓   시각 장애인은 목소리로 상대를 인식하므로, 먼저 이름을 밝히고 인사하는 것이 중요하다. 안내할 때는 그들의 팔이 우리의 팔꿈치나 어깨를 잡도록 하고, 반보 앞에서 방향과 주변 환경을 설명해야 한다. 안내견은 어디든 출입할 수 있으며, 함부로 만지거나 먹이를 주지 않아야 한다. 식사할 때는 음식의 위치를 시계 방향으로 설명해주고, 물건의 위치를 함부로 바꾸지 않도록 주의해야 한다. 뜻밖의 웃음이나 감탄이 있을 땐 그 이유를 설명해주는 배려도 필요하다.

마무리 메시지 시각 장애인은 단순히 앞이 보이지 않는 사람들이 아니라, 세상을 다른 감각으로 살아가는 사람이다. 다양한 보조기기로 삶의 질을 높이고, 음악, 요리, 스포츠 등에서 뛰어난 역량을 발휘하기도 한다. 우리가 해야 할 일은 그들을 대신해주는 것이 아니라, 함께 살아갈 수 있도록 공감하고 배려하는 것이다. 시각 장애인을 동정의 시선이 아닌, 하나의 인격체로 바라볼 때, 우리는 진정한 의미의 포용 사회를 만들 수 있다.

청각 장애

정의와 특징 청각 장애는 소리를 전혀 듣지 못하는 '농聾'과 보청기를 착용하면 어느 정도 소리를 들을 수 있는 '난청'으로 구분한다. 물론 난청인이 농인보다 훨씬 더 많다. 선천적 장애인은 소리를 들어 보지 못한 탓에 음성언어즉,말를 잘 구사하지 못하는 경우가 많다.

청력 단위는 데시벨dB로 표시하는데, 청력 손실의 정도에 따라 25~90dB 사이를 난청, 91dB 이상을 농이라고 하며, 이를 모두 포함하여 청각 장애라고 한다. 청각 장애인들은 일상생활이나 사회활동에서 소리에 의해 전달되는 정보를 수용하지 못하여 많은 곤란을 겪으며 이차적으로 언어 장애가 발생해 더욱 큰 어려움을 겪는다.

발생 원인 언어습득 이전의 청각 장애는 유전, 임신기 합병증, 바이러스, 달팽이관이나 청신경의 이상 등이 원인이다. 반면, 언어 습득 이후의 청각 장애는 뇌손상, 뇌막염, 중이염, 고열, 소음 등이 원인이 될 수 있다.

대표 사례 보청기 상담을 하며 다양한 청각 장애인을 만났다. 청력이 떨어진 할아버지와 TV 소리 때문에 다투던 할머니가 함께 보청기를 맞추러 오신 적이 있다. 처음엔 불편해하시던 할아버지도 시간이 지나며 보청기의 필요성을 실감하게 되었고, 두 분의 갈등도 줄었다.

또한 물리치료실에서 청각 장애인 어르신을 두고, 다른 분이 "저 여편네 못 알아들어." 하는 장면을 본 적이 있다. 그 말을 들은 청각 장애 어르신이 눈을 흘기는 것을 보고, 들리지 않을 것이라는 막연한 가정으로 함부로 말하면 안 된다는 걸 다시 한번 깨달았다.

간단한 에티켓 모든 청각 장애인이 수어를 사용하는 것은 아니다. 일부는 입모양을 읽는 구화, 또는 손바닥 등에 글을 쓰는 필담으로 소통한다. 말을 걸 때는 눈을 맞추고 또박또박 말하며, 입모양을 볼 수 있도록 해야 한다. 말을 이해했는지 고개 끄덕임, 손동작 등으로 반응을 주고받으면 좋다. 말을 반복할 필요가 있다면 자연스럽고 침착하게 다시 설명해야 한다.

부를 때는 시선을 끌기 위해 손을 흔들거나 어깨를 가볍게 터치한다. 보청기를 사용하는 경우, 상대방이 명확하게 들을 수 있도록 주의를 기울이고, 동시에 여러 사람이 말하는 것은 피하는 것이 좋다.

마무리 메시지 청각 장애는 보이지 않아 간과되기 쉽지만, 의사 소통과 사회 참여에 큰 영향을 미친다. 들리지 않는다고 해서 듣지 못하는 건 아니다. 영화 「나는 보리」의 말처럼 들리든 안 들리든 우리는 똑같은 사람이다. 말 한마디, 몸짓 하나에 담긴 배려로 더불어 사는 세상을 만들 수 있다.

언어 장애

정의와 특징 언어 장애는 음성 언어를 사용하거나 이해하는 데 결함이 있는 장애로, 다른 사람과 의사소통이 어려운 상태를 말한다. 청각 장애, 뇌병변, 지적 장애, 발달 장애와 함께 동반되는 경우가 많다.

종류에는 실어증, 조음 장애, 음성 장애, 유창성 장애^{말더듬}, 발달 언어 장애가 있으며, 말보다는 몸짓 34.3%, 수어 8.4%, 필담 5.4%, 구화 3% 등으로 의사소통하는 비율도 높다. 최근에는 의사소통 보조기기 AAC 활용을 통해 강의나 토론도 가능해지는 등 사회 참여 범위가 넓어지고 있다.

발생 원인 언어 장애는 뇌졸중, 교통사고 등으로 인한 언어 중추 손상, 입술·입천장 기형, 성대 이상, 신경계 질환, 유전적 요인, 발달

지연 등이 주요 원인이다. 특히 실어증은 후천적 사고나 질병으로 발생하며, 발달 언어 장애는 유아기에 언어발달이 지연되는 경우다.

대표 사례   영화 「킹스 스피치」는 제2차 세계대전 당시 영국 국왕 조지 6세가 말더듬이 언어 장애에 물러서지 않고 정면으로 맞서 감동적인 연설을 해낸 실화를 바탕으로 만들어졌다. 그는 어릴 적 유모의 학대와 가족의 무관심 속에서 위축된 채 성장했다. 그로 인해 말더듬이가 되었지만, 언어치료사 라이오넬의 경험 중심 치료와 가족의 지지 속에서 한발 한발 나아가며 결국 말더듬이로부터 벗어날 수 있었다. 이 영화는 장애인이 당당하게 사회 속에서 살아가기 위해서는 무엇보다 '경청'과 '지지자'가 중요하다는 것을 보여준 좋은 영화다.

간단한 에티켓   언어 속도가 느릴 수 있으므로 충분한 시간을 주고 기다려야 한다. 눈을 바라보며 주의 깊게 들어주고, 이해 여부를 확인해야 한다. 손짓, 구화, 필담, 메신저 등을 함께 활용하면 효과적이다. 유창성 장애가 있는 경우 긴장하지 않도록 편안한 분위기를 조성해야 한다.

마무리 메시지   언어 장애는 단지 '말'의 문제가 아니라 '이야기할 권리'의 문제다. 의사소통이 어렵다고 해서 판단하거나 넘겨짚지 말고, 말하지 않아도 전하고자 하는 마음에 귀를 기울여야 한다. 누군가의 말에 귀를 기울여 주는 태도는, 그 사람의 삶을 바꾸는 시작이 될 수 있다.

안면 장애

정의와 특징 안면 장애는 얼굴 부위에 외형적 이상이 생겨 일상생활에 제약이 있는 상태를 말한다. 외상, 화상, 선천성 기형 언청이, 구개열, 종양, 질병 등 다양한 원인으로 발생할 수 있으며, 외모 변화로 인한 심리적 위축과 사회적 어려움을 동반한다.

운동·지적 능력에는 문제가 대부분 없으나, 일부는 호흡 곤란이나 시력 저하를 동반하기도 한다. 성형수술의 발달로 일부 개선은 가능하지만, 반복적인 수술과 높은 비용 부담으로 인해 치료가 쉽지 않다.

발생 원인 선천적 기형 언청이, 안면골 기형 등 이거나 화상, 교통사고 등 외상, 혈관종, 피부병변, 신경섬유종 등 질환 혹은 수술 후 흉터나 조직 손상 등이 원인이다.

대표 사례 영화 「원더」는 선천적인 안면기형으로 태어난 소년 어기가 일반 학교에 입학하며 겪는 이야기를 담고 있다. 아이들은 그를 놀리고 따돌리지만, 가족과 선생님의 지지 속에 어기는 점차 자신의 자리를 찾아간다. "어기의 얼굴은 바꿀 수 없지만, 우리의 시선은 바꿀 수 있다"는 교장 선생님의 말은, 장애를 바라보는 사회의 태도가 얼마나 중요한지를 잘 보여준다.

간단한 에티켓 여름에도 모자나 긴 옷을 입는 경우가 있으므로 이를 무리하게 벗기지 않는다. 실내 온도나 습도 조절에 신경 써야 하며, 피부에 무리가 가지 않도록 배려한다. 술 권유는 삼가는 것이 좋다 혈관 확장으로 흉터나 색소에 악영향. 외모를 지나치게 쳐다보거나, '왜 그러냐'는 질문은 삼가해야 한다.

마무리 메시지 안면 장애는 몸의 기능보다 '시선의 벽'이 더 큰 장애가 되곤 한다. 누군가를 있는 그대로 받아들이는 것, 그것이 진정한 포용의 시작이다. 외모가 아닌 마음을 바라봐 줄 때, 우리는 비로소 '같이' 살아가는 사회를 만들 수 있다.

신장 장애

정의와 특징 신장 장애는 혈액 속 노폐물을 걸러내고 소변을 생성하는 신장 기능에 문제가 생긴 상태로, 3개월 이상 지속적으로 혈액 투석이나 복막 투석을 받거나 신장 이식을 받은 경우를 포함한다. 혈액 투석은 일주일에 2~3회, 한 번에 약 4시간씩 병원에서 시행하며, 복막투석은 환자 스스로 하루 4회 투석액을 교환해야 한다. 신장 이식을 받은 경우에는 면역억제제를 평생 복용해야 하지만 비교적 안정된 일상생활이 가능하다.

발생 원인 주요 원인으로는 만성 사구체신염, 당뇨병성 신증, 고혈압성 사구체경화증 등이 있으며, 그중에서도 당뇨병성 신증에 의한 신장 장애가 가장 많은 비율을 차지한다. 대부분 만성 질환으로부터 발생하며, 급성 질환보다는 지속적이고 장기적인 관리가 필요하다.

대표 사례 내가 관리샵을 운영할 때 만난 고객 중 24살 때 언니의 신장을 이식받은 40대 여성이 있었다. 처음 방문했을 땐 체중이 많이 빠지고 삶의 의욕이 없었으며, 음식도 제대로 먹지 못하고 소파에 누워 있는 시간이 많았다. 그러나 걷기 운동과 계단 오르기를 조금씩 실천하며 체력과 식욕이 회복되었고, 다시 활력을 되찾아 남편과 맛집을 찾아다니며 즐거운 나날을 보내고 있다. 무엇보다 정기적인 검진에서도 건강 상태가 안정적으로 유지되고 있었다.

간단한 에티켓 신장 장애인은 투석을 위한 혈관 연결 부위에 무리가 가지 않도록 주의해야 하며, 감염 예방에도 신경을 써야 한다. 또, 체력 소모가 크지 않은 환경에서 일할 수 있도록 배려하고, 투석 일정을 고려해 일정을 조율하는 이해도 필요하다.

마무리 메시지 신장 장애는 평생 관리가 필요한 질환으로, 관리만 잘 된다면 안정된 직업과 삶을 유지할 수 있다. 따라서 신장 이식 후에도 가장 중요한 것은 일상의 회복을 향한 작지만 꾸준한 노력이다.

심장 장애

정의와 특징 심장 장애는 협심증, 심근경색, 심부전, 고혈압, 심장판막증 등 심장의 기능 이상으로 인해 호흡곤란, 피로감, 운동 제한 등을 겪는 장애다. 심장 기능에 문제가 생기면 일상생활은 물론 사회활동에도 제약이 따르며, 특히 심리적 스트레스에 민감하기 때문에 정서적 안정을 유지하는 것이 중요하다.

발생 원인 심장 장애는 후천적으로 발생하는 경우가 많으며, 고혈압이나 동맥경화 같은 성인병이 주요 원인이다. 선천적 기형으로는 심방·심실 중격 결손증 등이 있으며, 판막 이상으로 인공 판막을 삽입한 경우도 심장 장애에 해당한다. 이 경우 정기적인 혈액검사와 치료가 필수다.

대표 사례 심장 장애로 판막 수술을 받은 사람들은 주기적인 병원 방문이 필요하지만, 꾸준한 약물 치료와 생활 습관 조절을 통해 비교적 일상적인 삶을 유지할 수 있다. 내 주변에서도 심장 판막 수술 후 회복한 분이 있는데, 생활 속에서 스트레스를 피하고, 일정한 리듬으로 생활을 유지하려는 노력을 통해 이전과 다름없는 일상을 이어가고 있다.

간단한 에티켓 심장 장애인은 급격한 기온 변화나 스트레스에 예민하므로, 쾌적한 실내 환경을 유지하고 과도한 소음이나 무리한 신체 활동은 피해야 한다. 병원 치료나 약물 복용 일정을 고려해 업무나 일정에 융통성을 갖는 배려가 필요하다.

마무리 메시지 심장 장애인은 호흡 곤란으로 일상생활은 물론 취업과 사회적 활동에 제한이 있을 수도 있다. 그러나 꾸준한 약물 복용과 관리가 이루어지면 대부분의 직종에서 충분히 일할 수 있다. 특히 중도에 장애가 발생했다면 장애가 발생하기 이전의 능력과 경험으로 자신의 직무를 잘 수행해 나갈 수 있다. 따라서 작은 배려로 함께 사는 사회를 만들 수 있기를 기대한다.

간 장애

정의와 특징 간 장애는 간 기능의 만성적인 부전 상태를 말하며, 간경변이나 간암 등의 질환이 원인이다. 황달, 피로, 통증 등의 증상이 있으며, 간 이식 수술을 받은 경우에도 간 장애에 해당된다. 이 장애는 겉으로 드러나지 않아 주변의 인식이 부족한 경우가 많다.

발생 원인 B형·C형 간염, 알코올성 간염, 지방간 등으로 인한 간 손상이 주요 원인이며, 간암은 만성 간질환을 오래 앓은 환자에게서 발생할 가능성이 높다. 간 이식을 받은 경우에도 회복 후 평생 면역억제제를 복용해야 하며, 꾸준한 검사와 건강관리 노력이 필요하다.

대표 사례 이승규 작가님을 인터뷰한 적이 있다. 그는 2002년 만성 B형 간염, 2011년 간암 판정을 받고 간 30%를 절제했지만, 수술 후 일주일 만에 퇴원해 곧바로 복대를 차고 출근했다. 하루 1만 보 이상 걷는 생활 습관과 음식 관리, 꾸준한 검진으로 건강을 유지하며 지금도 활발히 활동하고 있다.

간단한 에티켓 간 장애인은 피로감을 쉽게 느끼고, 황달 증상으로 인해 외모 변화가 있을 수 있다. 술은 절대 금물이므로 회식 자리에서는 억지로 권하지 않도록 해야 하며, 충분한 휴식과 유연한 근무 환경이 필요하다. 겉으로 드러나지 않는 장애인만큼 더욱 세심한 배려가 중요하다.

마무리 메시지 간 장애는 조용히, 그러나 끈질기게 싸워야 하는 장애다. 드러나지 않기에 더 외로운 싸움일 수도 있다. 하지만 그 싸움 속에서도 이승규 작가님처럼 삶을 지켜내고, 다른 이들에게 희망이 되는 사람도 많다. 꾸준한 자기 돌봄과 사회적 이해가 함께 갈 때, 간 장애인도 무너지지 않고 일어설 수 있다.

호흡기 장애

정의와 특징 호흡기 장애는 폐나 기관지 등 호흡기관의 기능이 저하되어 일상적인 호흡이 어려운 상태를 말한다. 비장애인과 비교했을 때 호흡량이 3분의 1 이하로 감소하며, 숨 쉬는 것 자체가 힘들어 생활 전반에 큰 제약이 따른다. 대표적인 증상으로는 호흡 곤란, 기침, 객혈, 흉통 등이 있으며, 이로 인해 언제 숨이 멎을지 모른다는 불안감과 심리적 고통을 함께 겪는 경우가 많다.

발생 원인 만성적인 기관지염, 폐기종, 천식, 폐섬유화 등 만성 호흡기 질환으로 인해 발생하며, 대기오염, 흡연, 산업 환경 등 외부 환경 요인도 주요 원인이다. 진단 후 1년 이상 경과하고 2개월 이상의 적극적인 치료에도 호전되지 않는 경우 장애로 판정받는다.

대표 사례   물리치료실에 근무할 당시 어르신들이 숨을 가쁘게 몰아쉬며 기침을 멈추지 못하던 모습을 종종 봤다. 가래를 뱉고 싶어도 잘 나오지 않아 괴로워하시는 분들, 그 고통스러운 모습은 항상 마음을 짓눌렀다. 의료기 판매를 할 때는 호흡기 장애를 가진 분들이 집에서 산소발생기를 사용하시거나 외출 시에는 캔 산소를 휴대하시는 경우도 많았다.

간단한 에티켓   호흡기 장애인을 위한 배려는 생활환경에서 시작된다. 황사나 매연이 심한 날에는 외출을 삼가도록 안내하고, 함께 있는 공간에서는 흡연을 절대 금지해야 한다. 식사나 세면 전에는 충분한 산소 공급이 필요하고, 과식이나 변비도 호흡에 부담을 줄 수 있기 때문에 식사량과 소화 상태를 세심히 살펴주는 것이 좋다. 무엇보다 말없이 그 곁을 지켜주는 태도가 필요하다.

마무리 메시지   2014년 개봉한 영화 「안녕 헤이즐」에서 갑상선 암이 폐로 전이되면서 호흡이 곤란한 16살의 헤이즐은 늘 산소통을 끌고 다니며, 하루하루 무기력한 삶을 살아간다. 그러던 어느 날 암환자 모임을 나가게 되고 그 곳에서 골육종 암으로 한쪽 다리를 잃은 유쾌한 성격의 어거스터스와 그의 친구 아이작을 만나게 되면서 삶의 의미를 갖게 된다. 삶의 의미가 생긴 헤이즐은 예전에 무기력했던 모습은 사라지고 힘이 생기면서 웃음을 되찾고 꿈을 갖게 된다.

　이 영화에서 보여준 것처럼 사람이 살아가는데 가장 중요한 것은 관계를 맺으며 더불어 살아가는 것이다. 따라서 호흡기 장애인들에게 맞는 적합한 환경에서 적합한 일이 주어진다면 무기력한 삶이 아닌 의미있는 삶을 살아갈 수 있지 않을까라는 생각을 해본다.

장루·요루 장애

정의와 특징 장루는 대장, 직장 등의 절제 수술로 인해 배변을 복부에 인공적으로 만들어진 통로를 통해 이루어지도록 하는 것이고, 요루는 방광의 기능을 상실한 경우 복부로 소변이 배출되도록 만든 인공 통로다. 이 장애는 물리적인 불편함뿐만 아니라 사회생활이나 대인관계에서 심리적인 제약을 크게 느끼는 경우가 많다. 장루는 회장루와 결장루로 나뉘며, 요루는 대개 방광암 수술 후 생기게 된다.

발생 원인 장루는 주로 직장암, 대장암 등의 수술 후 발생하며, 드물게 외상이나 염증성 질환 등으로도 생긴다. 요루는 방광암이 가장 흔한 원인이고, 결핵이나 방광 신경마비 등으로 인해 요관이나 방광 기능이 손상된 경우도 해당된다. 배설 기능을 복부 외부로 대체하는 만큼, 일상적인 관리가 필수다.

대표 사례 장루·요루 장애는 관리에 필요한 도구나 소모품이 개개인에 따라 다르다. 내가 의료기기를 판매할 당시, 여행 중 갑자기 장루백이 필요해 찾는 분들이 종종 있었는데, 본인에게 맞는 제품이 없으면 큰 불편을 겪기도 했다. 또 가격이 비싼 편이라 지속적인 유지 비용도 부담이 된다는 이야기를 많이 들었다. 내가 아는 지인분이 1기 방광암으로 수술을 받았다. 1기 때, 조기 발견할 수 있었던 것은 옆구리 통증이 났을 때 바로 병원에 갔기 때문이다. 이처럼 심한 옆구리 통증 등이 있을 때 한 번쯤 병원을 방문하는 것이 건강에 도움이 될 것 같다.

간단한 에티켓 장루·요루 장애인은 여행시 배변 주머니가 떨어질 수 있으므로 여유분을 꼭 챙기시고, 외출시에는 화장실 위치나 긴급 상황에 대비할 수 있도록 도와주는 태도가 필요하다. 또한 장루백 교체가 급한 경우가 있을 수 있으니 당황하지 않고 도울 수 있는 준비가 필요하다. 이 장애는 겉으로 드러나지 않지만 일상 속 불편이 큰만큼, 사려 깊은 시선과 공감이 중요하다.

마무리 메시지 병원 진료를 잘 받고, 장루·요루 관리가 잘 이루어지면서 무거운 짐을 들거나 오래 서 있는 일이 아니라면 다양한 직종에서 근무가 가능하다. 또 중도 장애인은 장애 발생 이전의 능력이나 경험에는 장애가 발생하지 않으므로 직장과 동료들이 배려해 준다면 충분히 직장 생활이 가능하다. 자그만 배려로 더불어 살 수 있는 사회를 기대한다.

뇌전증 장애

정의와 특징 뇌전증은 뇌 속 신경세포의 일시적 이상 흥분으로 인해 발생하는 반복적인 발작 증상이다. 2014년 이전에는 '간질'이라는 표현이 주로 사용되었지만, 사회적 낙인을 줄이기 위해 '뇌전증'이라는 명칭으로 바뀌었다. 이 장애는 전염병도, 정신질환도 아니다. 뇌에서 비정상적인 전기 신호가 나오면서 근육 경련, 의식 소실, 감각 이상 등이 반복적으로 발생한다.

발생 원인 유전, 교통사고로 인한 뇌 손상, 분만 중 뇌 손상, 뇌염의 후유증, 뇌종양 등 다양한 원인이 있으며, 상당수는 원인을 알 수 없다. 특히 0~9세 소아기와 60세 이상의 노년기에 많이 발생하는 것으로 알려져 있다. 대부분은 약물 치료를 통해 발작을 조절할 수 있으며, 일부는 수술 치료도 가능하다.

대표 사례   지인 중에 뇌전증을 가진 사람이 있었다. 평소엔 아무렇지 않게 잘 지내다가도 어느 날 갑자기 발작이 일어나 쓰러졌고, 우리는 주변을 정리하고 조용히 경련이 멈추기를 기다렸다. 그렇게 경련은 몇 분 안에 끝났고, 마치 아무 일도 없었던 것처럼 평범한 일상을 다시 이어갔다. 그 모습에서 느낀 것은, 뇌전증은 '장애'라기보다 '함께 알고 있어야 할 상황'이라는 사실이었다.

간단한 에티켓   발작이 일어나면 절대 억지로 멈추려 하거나 입에 물건을 넣어선 안 된다. 다치지 않도록 주위 물건을 치우고, 환자의 머리를 보호하며, 옆으로 눕혀 토사물이 기도로 넘어가지 않도록 한다. 발작이 5분 이상 지속되거나 연달아 두 번 이상 발생할 경우에는 바로 119에 신고해야 한다. 무엇보다 놀라지 않고 조용히 기다려주는 것이 가장 큰 도움이 된다.

마무리 메시지   뇌전증은 누구에게나 찾아올 수 있다. 중요한 건 발작 자체보다, 그 순간 누가 곁에 있어주는가다. 누군가의 침착한 대응 하나가 큰 위로가 되고, 잘못된 시선 하나가 오랜 낙인이 되기도 한다. 우리는 판단보다 이해를, 무관심보다 관심을 선택할 수 있다.

지적 장애

정의와 특징 지적 장애는 지적 기능과 적응 행동에 제약이 있는 상태를 말한다. 여기서 지적 기능이란 학습, 문제 해결, 추론 등의 전반적인 지능 능력을 의미하고, 적응 행동이란 일상생활의 기술, 사회성, 대인관계, 시간이나 돈 사용과 같은 개념적 능력 등을 포함한다. 대부분 18세 이전에 나타나며, 노인성 치매를 제외하면 18세 이후에도 인지 장애가 발생한 경우 등록이 가능하다.

발생 원인 지적 장애의 원인은 염색체 이상, 조산, 뇌손상, 납중독, 약물 오남용 등 다양하지만, 정확한 원인을 알 수 없는 경우도 많다. 웩슬러 지능 검사 등을 통해 IQ 70 이하일 경우 지적 장애로 판정하며, 사회성숙도 검사를 함께 참고한다.

대표 사례   정은혜 작가는 지적 장애인이다. 그녀가 태어났을 때, 축하보다 우려와 걱정의 시선을 더 많이 받았고, 그 시선들은 그녀의 어머니에게 깊은 상처가 되었다. 학교 입학 이후 사회적 편견으로 인해 정신적인 어려움까지 겪었지만, 어머니는 은혜 작가의 예술적 재능을 발견했다. 이 발견은 모녀의 삶을 완전히 바꿔놓았다.

은혜 작가는 드라마 「우리들의 블루스」에 출연하며 많은 사랑을 받았고, 그녀의 삶을 조명한 다큐멘터리 영화 「니 얼굴」은 국내외 영화제에 초청되며 국제적으로도 주목을 받았다. 정은혜 작가는 "내 꿈은 다 이루어졌어요." 라고 말한다. 그녀가 이 말을 할 수 있었던 것은 그녀의 가능성을 먼저 믿고 지지해준 가족 덕분이었다.

간단한 에티켓   지적 장애인과 대화할 때는 복잡한 표현보다 쉬운 말로 천천히 설명하고, 하나의 활동을 작은 단계로 나누어 안내하는 것이 좋다. 예를 들어 양치질을 알려줄 때도 '뚜껑을 연다 → 치약을 짠다 → 닫는다' 와 같이 구체적인 동작을 차례대로 안내해주는 것이 도움이 된다. 무엇보다, 가능한 모든 일은 스스로 해볼 수 있도록 기다려주는 자세가 중요하다. 말보다 태도가 더 깊은 신뢰를 만든다.

마무리 메시지   지적 장애를 잘 표현한 영화로 2002년 개봉한 「아이

엠 쌤」이 있다. 대부분의 사람들은 "지적 장애인이 아이를 잘 키울 수 있을까?" 라는 질문을 던진다. 그러나 이 영화를 본 후에는 "지적 장애인이 아이를 잘 키울 수 있을까?" 가 아닌 "누가 아이를 진심으로 사랑할 수 있을까?" 라는 질문을 던질지도 모른다.

자폐성 장애

정의와 특징   자폐성 장애는 사회적, 언어적, 행동적 의사소통에 어려움을 겪고, 특정한 행동을 반복하거나 특정 대상에 집착하는 특성이 나타나는 발달 장애다. 대부분 만 3세 이전에 눈 맞추기, 얼굴 돌리기, 지시 따르기 등의 상호작용 능력이 떨어지는 것으로 확인된다. 말을 하지 않거나 같은 말만 반복하기도 하며, 눈을 잘 마주치지 않고 친구들과 잘 어울리지 못하는 것도 특징이다. 또한 자폐성 장애인은 일상적인 감각에도 예민하거나 둔감하게 반응한다.

발생 원인   자폐성 장애의 원인은 아직 명확하게 밝혀지지 않았다. 다만 출생 과정에서의 뇌 손상, 유전적 요인, 환경적 요인 등이 복합적으로 작용할 것이라고 추정하고 있다. 자폐성 장애인의 지능 수준은 매우 다양하며, 전체의 약 70~80%는 지적 장애를 동반하고 있다고 알려져 있다.

대표 사례 드라마 「이상한 변호사 우영우」에서는 자폐성 장애인 변호사 우영우가 등장한다. 그녀가 훌륭한 변호사로 성장할 수 있었던 것은 멘토 정명석 변호사의 존재 덕분이었다.

또 하나 소개하고 싶은 영화는 「학교 가는 길」이다. 발달장애 특수학교 '서진학교'가 지어지는 과정에서 벌어진 지역 사회의 격렬한 반대와, 그에 맞서 눈물로 아이들의 교육권을 외쳤던 학부모들의 이야기가 담겨 있다. 이 영화로 우리는 "장애인도 교육받을 권리가 있다."는 단순한 진리를 다시금 돌아보게 된다.

간단한 에티켓 자폐성 장애인과의 의사소통은 반복 학습을 통해 습관을 형성하는 방식이 효과적이다. 구체적이고 명확한 단어를 사용하고, 필요한 경우 그림이나 사진, 보완대체의사소통 AAC 도구를 활용하는 것이 좋다.

'부정어'보다는 어떻게 하라는 '긍정어'를 사용하는 것이 이해에 도움이 된다. 예를 들어 "마스크를 안 쓰면 버스를 탈 수 없어요." 보다는 "마스크를 쓰고 버스에 타 주세요."가 더 효과적이다.

또한 자폐성 장애인은 특정 자극에 예민할 수 있으므로, 불필요한 접촉이나 과도한 소리, 빛에 대한 배려도 필요하다. 그들의 특성을 억지로 고치려 하지 말고, 편안하게 받아들이고 존중하는 자세가 중요하다.

마무리 메시지 30개월이 될 때까지 아이가 말을 못하자 엄마는 아이와 함께 소아 정신병원을 찾았다. 의사는 아이가 무엇에 반응할까를 찾기 시작했고, 아이는 동요를 틀어주자 어깨를 들썩이며 반응하기 시작했다. 의사는 엄마와 아이가 함께 즐길 수 있는 동요 놀이 치료반에 참여시켰다. 그 뒤 아이는 엄마와 눈을 마주치고 엄마에게 안아달라고도 하고 업어달라고 하는 등의 소통을 하기 시작했다.

장애는 틀린 것이 아니라 다른 것이다. 자폐 아이들마다 고유한 발달 특성이 있다. 그 특성에 맞게 아이를 존중해 줄 때 아이는 그 다음 단계로 나아갈 수 있고 자신만의 재능을 발휘할 수 있을 것이다.

정신 장애

정의와 특징 정신 장애는 심리적, 정서적 어려움으로 인해 대인관계, 직업 활동 등 사회생활에 제약을 받는 장애다. 조현병, 양극성 정동 장애, 반복성 우울 장애, 강박 장애, 뚜렛 증후군, 기면증 등 여러 유형이 있으며, 각기 다른 증상을 보인다. 정신 장애는 누구에게나 발생할 수 있으며, 치료와 관리가 가능함에도 불구하고 사회적 편견 때문에 많은 이가 고립감을 겪는다.

발생 원인 유전적 요인, 뇌 기능 이상, 스트레스, 외상 등 복합적인 원인으로 발생한다. 우리나라의 정신질환 평생 유병률은 약 13%이며, 4명 중 1명이 정신건강 전문가의 도움이 필요한 상태다. 치료 약물이 발전하면서 직업을 갖고 사회생활을 유지하는 비율도 점차 증가하고 있다.

대표 사례   정신 장애인을 전문 바리스타로 양성한 '히즈빈스'는 정신 장애인과 비장애인이 함께 일하는 사회적 기업이다. '강점 관점의 직무 개발'과 '다각적 지지 시스템'을 통해 정신 장애인의 직무 유지율을 90% 이상으로 끌어올렸다. 이는 정신 장애인도 적절한 지지와 시스템만 있다면 충분히 사회의 일원으로 살아갈 수 있다는 것을 보여준 좋은 사례다.

간단한 에티켓   정신 장애는 '위험하다', '이해할 수 없다'는 오해와는 달리, 꾸준한 치료와 지지 속에서 충분히 회복이 가능한 장애다. 증상이 보일 때 놀라지 않고 차분히 대응하며, 당사자의 이야기에 귀를 기울이는 것이 중요하다. 낙인을 줄이고 일상적인 관계를 유지하려는 태도가 필요하다.

마무리 메시지   2019년 12월 반갑지 않은 손님 코로나 바이러스가 등장하면서 바이러스 감염을 막기 위해 대면 사회에서 비대면 사회로 바뀌게 되고 기업들이 어려워지다 보니 문을 닫으면서 실업자가 증가했다. 사람들은 바이러스에 감염되면 죽을지도 모른다는 공포와 갑자기 실업자가 되면 어떻게 살아야 할지 모르겠다는 불안감이 증가하면서 불면증, 우울증, 공황 장애와 같은 정신질환이 증가했다.

2021년 5월 5일 방영된 「생로병사의 비밀 - 코로나 블루, 흔들리는 내 마음」을 보면, 평범하게 살아가던 30대 주부가 코로나 바이러스에 감염되면서, 바이러스에 감염된 사람이라는 낙인이 두려워 우울증이 왔고, 20대는 공황 장애가 왔다. 이들이 정신 장애로부터 벗어날 수 있었던 것은 "코로나 바이러스에 감염된 것은 니 탓이 아니야!"라는 따뜻한 말 한마디였다. 그 말 한마디는 여전히 나는 사랑받고 존중받는 사람이람이라는 긍정적인 감정을 불러일으키게 되고, 결국 그것이 살아가는 원동력이 되었기 때문이다.

이처럼 정신 장애는 특별한 누군가만 겪는 일이 아닌, 우리 누구도 정신 장애인이 될 수 있다. 그러니 정신 장애인이라고 배척하지 말고 따뜻하게 포용하는 사회가 되었으면 좋겠다.

참고자료

조선일보, 「팔은 잃었지만, 꿈을 잃지는 않았다」, 2024.08.07

한국일보, 「[장애인 일자리가 없다] 기업들 고용 장벽에… '생존벼랑'내몰리는 장애인들」, 2023.4.6.

KBS 뉴스, 「[집중취재] "중증 장애인은 취업도 못 하나요?" 장애인 고용률은 1%대」, 2022.4.20.

연합뉴스, 「장애인고용 의무기업 36% 장애인 채용 안해…"고용의사 없어서"」, 2025.1.19.

한겨레, 「38년 지나도 '김순석들' "거리의 턱을 없애주십시오"외친다.」, 2022.9.19.

한겨레, 「숫자에 가려진 '장애인 이동권'..94% 승강기 설치하면 뭐합니까?」, 2022.4.29.

MBC, 「(탐정M) "대체 뭘 타야 하나요?".. 장애인들의 현실? 우리의 미래!」, 2022.4.21.

경향신문, 「40% 밑도는 저상버스 보급률…"한 대 놓치면 30분 기다려야"」, 2024.11.04.

MBC, 「〈서초동M본부〉 '투명인간의 도시'가 되지 않으려면」, 2025.3.1.

한국장애인고용공단 고용개발원, 2024년 기업체장애인고용실태조사 보고서, 한국장애인고용공단, 2024.

국토교통부, 교통약자 이동편의 실태조사, 지표누리, 2024.11.13.

한국장애인고용공단 고용개발원, 2025년 3월 장애인인식개선강사 강의자료, 2025.3.

꾸준한 경험과 학습이 나를 만든다.